李心怡◎编著

纳税实操
从新手到高手

图解实例版

中国纺织出版社有限公司 | 国家一级出版社 全国百佳图书出版单位

内 容 提 要

《纳税实操从新手到高手》以现行最新税制和有关政策法规为依据，努力将企业纳税和会计核算融为一体，从企业纳税的实际出发，通过大量的实例，阐释了企业在"营改增"之后有关税务处理的问题，包括各个税种的纳税人、征收对象、征收范围、应纳税额的计算依据、计算方法、账务处理、缴纳方法以及税务稽查的有效程序和方法。

本书具有理论联系实际、通俗易懂、简明实用、可操作性强的特点，是会计人员、税务人员、审计人员、管理人员、相关专业师生和研究人员的必备读物。

图书在版编目（CIP）数据

纳税实操从新手到高手：图解实例版 / 李心怡编著. —北京：中国纺织出版社有限公司，2020.1
ISBN 978 – 7 – 5180 – 6723 – 7

Ⅰ.①纳… Ⅱ.①李… Ⅲ.①企业管理—纳税—中国 Ⅳ.①F812.423

中国版本图书馆CIP数据核字（2019）第208560号

策划编辑：于磊岚　　特约编辑：魏丹丹　　责任印制：储志伟

中国纺织出版社有限公司出版发行
地址：北京市朝阳区百子湾东里A407号楼　邮政编码：100124
销售电话：010 — 87155894　传真：010 — 87155801
http://www.c-textilep.com
E-mail: faxing@c-textilep.com
中国纺织出版社天猫旗舰店
官方微博 http://weibo.com/2119887771
天津千鹤文化传播有限公司印刷　各地新华书店经销
2020年1月第1版第1次印刷
开本：710×1000　1/16　印张：15
字数：194千字　定价：48.00元

前　言
PREFACE

纵观各种招聘广告，我们能发现绝大多数雇主强调的是"有相关经验者优先"。经验为何如此重要，因为有经验的人干起活来上手快，能更快地给企业带来效益，对于会计类职位更是如此。初入职场的我们，虽然在理论上可能有余，但实践经验不足。如果能够学会正确地做事，并快速总结经验，一定能够在职场中脱颖而出。

作为刚走上税务相关岗位的新手，在工作中是否感觉到困惑颇多，不知向谁请教？

是否感到自己的税务知识混杂凌乱，不成体系，而且常常出现错误？

是否想要进行纳税筹划，但不知从何入手？

是否想要快速地提升自己的业务能力，并有个良好的职业发展？

……

这就是一本为您量身打造的书，本书遵循"学以致用"的原则，聚焦实务中最重要的问题，一一为您讲解，从而做到即学即用，使您在尽可能短的时间内掌握相关知识和技能。

本书的一大特点是图文并茂，通俗易懂，采用三维作图，给读者营造一个轻松、愉快、高效的阅读环境。内容几乎涵盖了企业所要缴纳的所有大的税种：增值税、消费税、城市维护建设税、教育附加税、企业所得税等，讲解细致，实用性强，手把手地教您处理税务问题。

通过本书的学习，相信您应该能应付工作中各式各样的税务问题了。理论指导实践，实践丰富理论，结合工作实际去思考、去体会，相关知识可以掌握得更加牢固且能够融会贯通。

对于本书的编写尽管我们已经殚精竭虑，但由于水平有限，时间紧迫，不周之处在所难免，希望大家谅解。我的联系邮箱 suoxh@139.com。欢迎大家联系，我们一定竭诚为您解答。

最后，对一贯支持我们的广大读者朋友和对本书的出版做出努力的朋友一并表示感谢。

李心怡

2019 年 8 月

目 录
CONTENTS

1 税收就在我们身边——税收知识抢先答

国家的运行靠什么支撑？答案是税收。国家用于国防建设、国民教育、社会保障等方面的支出均来自于税收收入。作为社会的元素，不管是个人还是企业都与税收紧密联系，比如进入超市购物，付款时你已经交了增值税，每月领工资时你交了个人所得税，买股票时交了印花税；作为企业，需要缴纳增值税、消费税、企业所得税等等。既然税收与我们息息相关，就让我们细细地解读税收吧。

2 企业税收业务的办理与纳税筹划——与企业利益息息相关

法治国家把纳税视为人的一生不能逃避的事情之一，由此可见纳税的重要性。而企业如何进行纳税筹划，对很多纳税人来讲却是陌生的话题，但对许多企业来说，纳税筹划又是很重要的问题。纳税筹划作为一个新鲜事物，在我们国家的开展是比较晚的，许多人对纳税筹划不了解或者是存在着误解。这一章将对究竟什么是纳税筹划、纳税筹划有什么意义、如何进行纳税筹划进行讲解。

3 "营改增"之后的增值税

提到增值税相信大家都不怎么陌生，作为我国的一个主要税种，其征收的范围是非常广泛的。增值税是一种流转税，企业缴纳的增值税最终会流转到消费者身上。说到企业的增值税缴纳，是否所有的经济业务都需要缴纳增值税呢？是否所有的企业缴纳增值税的方式都是一样的呢？增值税税额是怎样计算的呢？带着这些问题，让我们进入本章的学习。

4　消费税——你知道有哪些特殊消费品要交税

消费税是在对货物普遍征收增值税的基础上，选择少数消费品再征收的一个税种，主要是为了调节产品结构，引导消费方向，保证国家财政收入。对于消费税，我们可能并没有深入的了解，下面就让我们更进一步地了解消费税。

5　城市维护建设税与教育费附加——税种虽小，"五脏俱全"

企业在经营的过程中应承担社会责任已成为大家的一个共识了，比如说提供就业机会、资助社会公益事业、保护生态环境、支持社会保障体系等等。所以我国为了加强城市的维护建设，扩大和稳定城市维护建设资金的来源，而对有经营收入的单位和个人征收城建税。下面我们将具体介绍一下这个税种。

6　车船使用税——有车一族必备缴税小知识

我国对车船税征收的历史悠久。明清时，曾对内河商船征收船钞。1949 年以前，不少城市对车船征收牌照税。通过对车船税的了解，可以让你在买车时理智消费，选择适合自己的车。现在，就让我们先进行知识储备吧。

7 房产税——房产主们要注意

　　2010以来，房产税一直是业内外热议的焦点。先是2010年4月17日新"国十条"公布后，传出上海版调控细则可能试行房产税，由此房产税的话题重新延续"两会"后的热度。随后的5月31日，国务院批转国家发改委《关于2010年深化经济体制改革重点工作意见的通知》，明确提出"逐步推进房产税改革"，再度引发业内猜测。通过本章的学习，我们可以增加对城镇的经营性房屋房产税的了解，并在了解现行经营性房屋房产税的基础上，关注房产税改革将走向何方。

8　土地增值税——转让土地使用权也要纳税

　　对房地产企业来说，如何进行有效的土地增值税税收筹划，减轻纳税负担，相应增加企业的盈利，势必成为今后企业发展中的重要课题。对消费者来说，了解了与房地产有关的税种，可以对市场加深了解，更理性地进行消费。下面，让我们进入土地增值税的学习当中吧。

9　印花税——签订凭证也要纳税

印花税被资产阶级经济学家誉为税负轻微、税源畅旺、手续简便、成本低廉的"良税"，1624 年第一次在荷兰出现。由于印花税"取微用宏"，简便易行，欧美各国竞相效法。在不长的时间内，就成为世界上普遍征收的一个税种，在国际上盛行。英国的哥尔柏说过："税收这种技术，就是拔最多的鹅毛，听最少的鹅叫。"印花税就是具有"听最少的鹅叫"特点的税种。下面我们就来学习这种税种。

10　企业所得税——国家与企业间的"利润分配"

　　企业缴纳了前述税后就万事大吉了吗？还有一道大的关卡呢，那便是企业所得税。纵观企业所得税的相关规定，我们会发现它是税源非常广的一种税，基本上所有的企业都需要缴纳所得税。正因为涉及面广，所以内容相对复杂，我们在学习的时候千万要静下心来，仔细研读，这样才能有较大的收获。

11　个人所得——让老百姓明明白白来缴税

目前中国个人所得税是七级累进税率，这在世界上属于比较繁杂的，将来的改革方向就是"减少级次，调整级距"。在关注个人所得税税改的时候，有必要对个税的基础知识以及现行的征税规定有个全面的了解，下面我们赶快进入本章的学习吧。

1 税收就在我们身边
——税收知识抢先答

● 内容概览

　　美国的政治家、发明家本杰明·富兰克林曾这样说过："我们的宪法已开始实际运作起来；表面上一切都承诺会亘古不变，但事实上除了死亡和赋税，没有什么是确定无疑的。"

　　国家的运行靠什么支撑？答案是税收。国家用于国防建设、国民教育、社会保障等方面的支出均来自于税收收入。作为社会的元素，不管是个人还是企业都与税收紧密联系，比如进入超市购物，付款时你已经交了增值税，每月领工资时你交了个人所得税，买股票时交了印花税；作为企业，需要缴纳增值税、消费税、企业所得税等等。既然税收与我们息息相关，就让我们细细地解读税收吧。

1.1 认识税收

1.1.1 税收是什么

凡是从事企业财务工作的人，都会不可避免地接触到税收，因为纳税是企业合法经营的一项最基本义务。国家把公众创造的财富以税收的形式集中起来，不论是直接用于经济建设，还是发展科学、教育、文化、卫生事业，还是用于建立健全的社会保障制度、维护社会稳定、巩固国防，都是为广大人民的利益服务的，广大人民群众是税收的最终受益者。税收的概念见表 1-1。

表 1-1　税收的概念

什么是税收	税收是指国家依法对负有纳税义务的单位和个人征收一定货币和实物。税收是国家取得的收入，是从事社会管理的物质基础
税收的内涵	第一，只有国家才有权向企业和个人征税，除了国家之外，任何机构和团体，都无权征税
	第二，国家征税依据的是其政治权力，这种政治权力凌驾于财产权利之上
	第三，征税的基本目的是满足国家的财政需要，以实现其进行阶级统治和满足社会公共需要的职能

1.1.2 和其他政府收费相比较，税收具有什么特点

企业在生产经营的过程中，经常会出现向国家交纳各种税费的情况，例如盈利性企业，需要向国家交纳企业所得税等。但税收和其他政府收费有着根本的不同。税收的特点如图 1-1 所示。

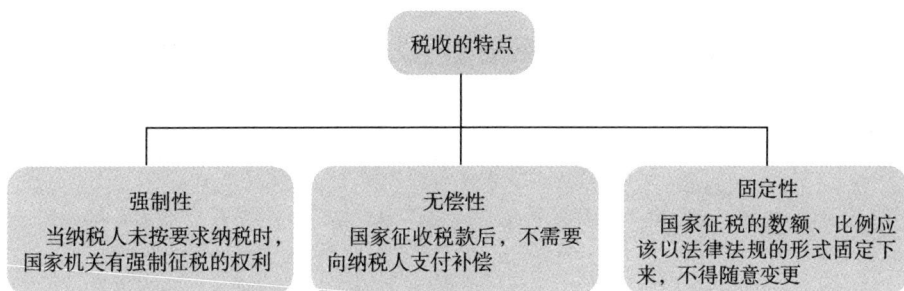

图1-1　税收的特点

1.2　税收的构成要素

1.2.1　如何学习税收

经常有人问我，学习纳税知识有什么窍门吗？每次我都会脱口而出，一定要掌握好税收的构成要素。要素是任何事物中最精华的部分，先要素后细节，是掌握纳税知识的捷径。比如，我们在了解一件事情时，关键就在于明白什么时间、什么地点、谁做了什么事情，这件事对谁有好处、对谁有坏处。了解了这些，也就明白了一件事的来龙去脉。在学习税收的过程中，我们就要善于把握税收的构成要素，真正明白什么情况下需要纳税，由谁纳税，纳多少税，也就掌握了这个税种的主要内容。

1.2.2　如何理解税收的构成要素，这些要素分别是什么

所谓税收的构成要素，就是国家设立一项税收时，应该予以规定的内容。在任何一个国家里，不论采用什么样的税收制度，税收的构成要素一般都包括总则、纳税义务人、征税对象、税目、税率、纳税环节、纳税期限、纳税地点、减税免税、罚则、附则等项目。具体的内容见表1-2。

表1-2 税收要素一览表

序号	税收要素	具体内容
1	总则	主要包括立法依据、立法目的、适用原则等
2	纳税义务人	就是需要向国家纳税的单位或个人，主要是指一切履行纳税义务的法人、自然人及其他组织，它解决了由谁纳税的问题
3	征税对象	就是向什么征税，主要是指税收法律关系中征纳双方权利义务所指向的物或行为，它是区分不同税种的主要标志，它解决了向什么征税的问题
4	税目	税目是对征税对象的具体化。比如，国家对酒类征收消费税，其中白酒、啤酒、果酒的征税办法是不一样的，因此白酒、啤酒、果酒就是酒类产品这一征税对象下的三个税目
5	税率	就是对征税对象的征收比例或征收额度。税率是计算税额的尺度，也是衡量税负轻重与否的重要标志，税率解决了征多少税的问题。我国现行使用的税率主要有：比例税率、定额税率、超额累进税率、超率累进税率
6	纳税环节	一件产品从生产到消费者手中，需要生产、批发、零售等诸多环节，并非每个环节都需要交纳税款，纳税环节就是规定了应当在哪个环节缴纳税款。 例如香烟和黄金首饰都需要交纳消费税，前者在生产厂家的出场环节缴纳，后者则在零售环节由零售的商家缴纳
7	纳税期限	指纳税人需要缴纳税款的期限，解决了什么时间纳税的问题
8	纳税地点	主要是指根据各个税种纳税对象的纳税环节和有利于对税款的源泉控制而规定的纳税人（包括代征、代扣、代缴义务人）的具体纳税地点
9	减税免税	主要是对某些纳税人和征税对象采取减少征税或者免予征税的特殊规定
10	罚则	主要是指对纳税人违反税法的行为采取的处罚措施
11	附则	附则一般都规定与该法紧密相关的内容，比如该法的解释权、生效时间等

1.2.3 你是纳税义务人吗

纳税义务人简称"纳税人"，是税法规定的直接负有纳税义务的单位和个人，也称纳税主体。无论何种税法，都要规定相应的纳税义务人，因此，纳税义务人是税法的基本要素。纳税义务人可以是个人，也可以是单位组织。纳税义务人的相关概念如图1-2所示。

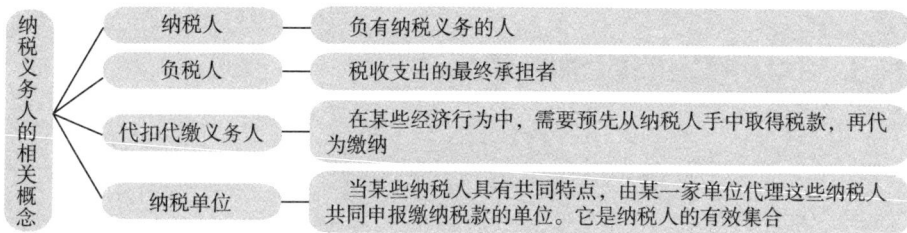

图1-2　纳税义务人的相关概念

1.2.4　什么是税率，不同的税率在计算税款时如何使用

税率是应纳税额与征税对象数额之间的法定比例，是计算税额的尺度，体现着征税的深度。税收的固定性特征主要是通过税率来体现的。在征税对象确定的前提下，税率形式的选择和设计的高低，决定着国家税收收入的规模和纳税人的负担水平，因此，税率是税收制度的中心环节。科学合理地设置税率是正确处理国家、企业和个人之间的分配关系，充分发挥税收经济杠杆作用的关键。税率可分为比例税率、定额税率、累进税率三大类（表1-3）。

表1-3　税率的类别

税率的类别	具体内容	适用税种
比例税率	对同一征税对象，不分数额大小，规定相同的征收比例	增值税、城市维护建设税、企业所得税
超额累进税率	把征税对象按数额的大小分成若干等级，每一等级规定一个税率，税率依次提高，但每一纳税人的征税对象则依所属等级同时适用几个税率分别计算，将计算结果相加后得出应纳税款	个人所得税
定额税率	按征税对象确定的计算单位，直接规定一个固定的税额	资源税、城镇土地使用税、车船使用税等
超率累进税率	以征税对象数额的相对率划分若干级距，分别规定相应的差别税率，相对率每超过一个级距的，对超过的部分就按高一级的税率计算征收	土地增值税

1.3　我国的主要税种简介

1.3.1　我国的企业需要交纳哪些税

我国目前征收的主要税种有 20 余种，这些税种按照征税对象的不同，大体可以分为以下五个类别：流转税类、资源税类、所得税类、特定目的税类、财产和行为税类（表 1-4）。

表 1-4　我国税种的主要类别

主要类别	概念	包含的具体税种
流转税类	以纳税人商品生产、流通环节的流转额或者数量以及非商品交易的营业额为征税对象的税种	增值税、消费税、关税
资源税类	因开发和利用自然资源而缴纳的税种	资源税、城镇土地使用税
所得税类	针对个人、企业取得的净收入而征收的税种	个人所得税、企业所得税
特定目的税类	具有特别征收目的的税种	城市维护建设税、土地增值税、车辆购置税、耕地占用税
财产和行为税类	针对某些特定的行为、财产征收的税种	房产税、城市房地产税、车船使用税、车船使用牌照税、印花税、契税

1.3.2　流转税的内涵是什么，主要包括哪些税种

流转税又称流转课税、流通税，指以纳税人商品生产、流通环节的流转额或者数量以及非商品交易的营业额为征税对象的一类税收（图 1-3）。流

转税是商品生产和商品交换的产物，几乎每个企业都要交流转税，各种流转税也是政府财政收入的重要来源。

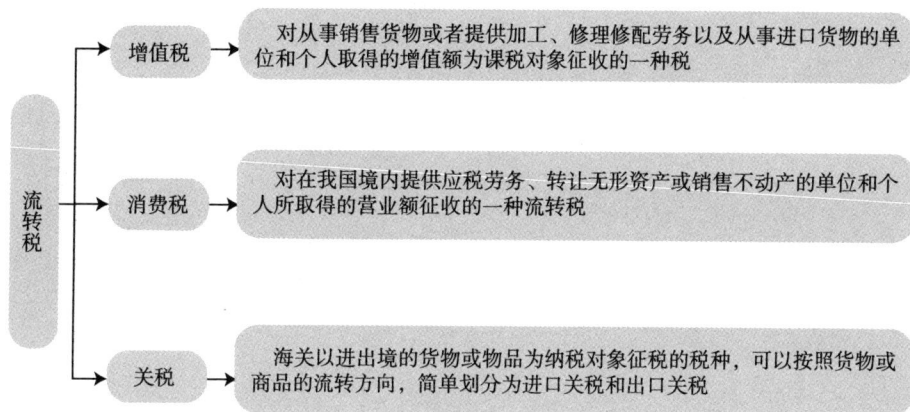

图1-3 流转税的概念及主要类别

- 流转税
  - 增值税：对从事销售货物或者提供加工、修理修配劳务以及从事进口货物的单位和个人取得的增值额为课税对象征收的一种税
  - 消费税：对在我国境内提供应税劳务、转让无形资产或销售不动产的单位和个人所取得的营业额征收的一种流转税
  - 关税：海关以进出境的货物或物品为纳税对象征收的税种，可以按照货物或商品的流转方向，简单划分为进口关税和出口关税

图1-3 流转税的概念及主要类别

1.3.3 所得税的内涵是什么，主要包括哪些税种

所得税又称所得课税、收益税，指国家对法人、自然人和其他经济组织在一定时期内的各种所得征收的一类税收（图1-4）。这里的所得，不是指全部的收入，而是全部的收入减去各种成本费用后的余额。

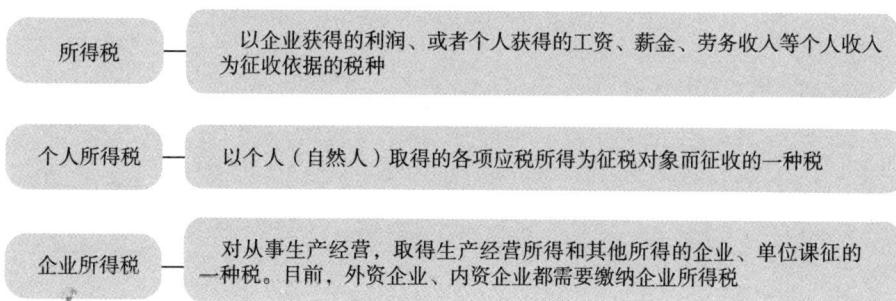

- 所得税：以企业获得的利润、或者个人获得的工资、薪金、劳务收入等个人收入为征收依据的税种
- 个人所得税：以个人（自然人）取得的各项应税所得为征税对象而征收的一种税
- 企业所得税：对从事生产经营，取得生产经营所得和其他所得的企业、单位课征的一种税。目前，外资企业、内资企业都需要缴纳企业所得税

图1-4 所得税的概念及主要类别

2 企业税收业务的办理与纳税筹划
——与企业利益息息相关

● **全章概览**

　　法治国家把纳税视为人的一生不能逃避的事情之一，由此可见纳税的重要性。而企业如何进行纳税筹划，对很多纳税人来讲却是陌生的话题，但对许多企业来说，纳税筹划又是很重要的问题。短期内，企业进行纳税筹划可以通过对经营活动的安排，减少交税，节约成本支出，以提高企业的经济效益；从长期来看，企业自觉地把税法的各种要求贯彻到其各项经营活动之中，使得企业的纳税观念、守法意识都得到强化。因此，无论从长期还是从短期来看，企业进行纳税筹划都是很有意义的。

　　纳税筹划作为一个新鲜事物，在我们国家的开展是比较晚的，许多人对纳税筹划不了解或者是存在着误解。这一章将对究竟什么是纳税筹划、纳税筹划有什么意义、如何进行纳税筹划进行讲解。

2.1 认识企业的主要税收业务

纳税是企业对国家的一项法定业务，任何企业都必须严肃认真地办好企业的税务事务。就企业的涉税事务而言，主要包括税务登记、纳税申报和税款缴纳三项内容（图2-1）。

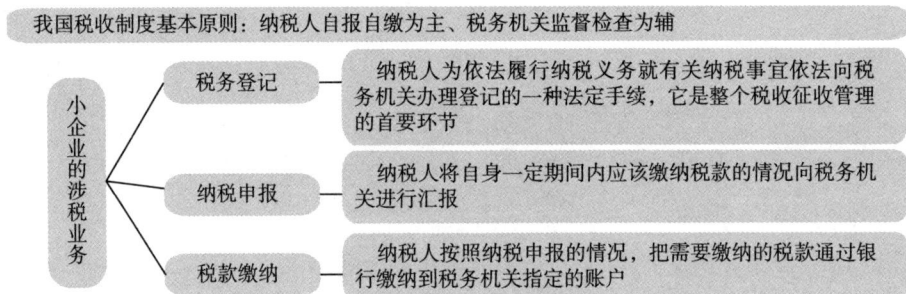

图2-1 企业的涉税业务

2.2 企业税收业务办理

2.2.1 如何办理税务登记

当一家企业设立时，或者开业之后经营项目发生变化时，或者停业撤销时，企业都需要做的一项工作，就是要向主管的税务机关办理税务登记。

2.2.1.1 什么是税务登记，主要包括哪些类别

税务登记的目的与种类如图 2-2 所示。

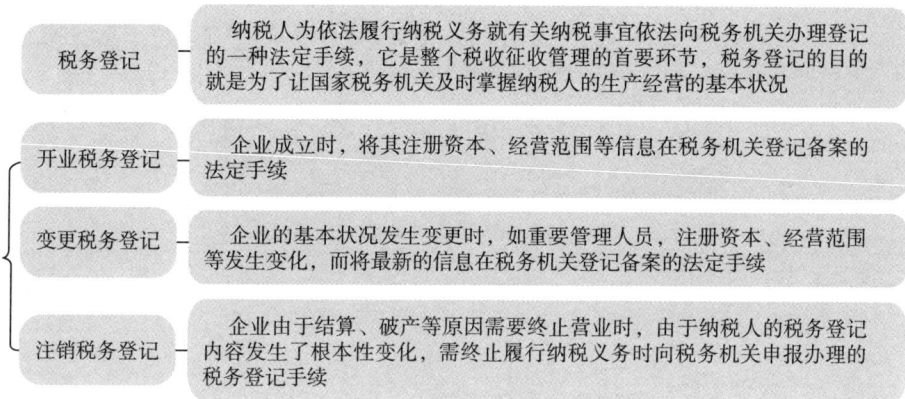

图2-2 税务登记的目的与种类

办理税务登记，首先要清楚本企业需要办理的税务登记的类型，其次要清楚去哪些部门办理税务登记，最后就是要明白需要准备哪些资料文件。以下分别是开业税务登记，变更税务登记和注销税务登记的基本要求（表 2-1、表 2-2、表 2-3）。

2.2.1.2 如何办理开业税务登记

表 2-1 开业税务登记的基本要求

时间要求	（1）从事生产、经营的纳税人应当自领取营业执照之日起 30 日内，主动依法向国家税务机关申报办理登记。 （2）按照规定不需要领取营业执照的纳税人，应当自有关部门批准之日起 30 日内或者自发生纳税义务之日起 30 日内，主动依法向主管国家税务机关申报办理税务登记
地点要求	（1）纳税企业和事业单位向当地主管国家税务机关申报办理税务登记。 （2）纳税企业和事业单位跨县（市）、区设立的分支机构和从事生产经营的场所，除总机构向当地主管国家税务机关申报办理税务登记外，分支机构还应当向其所在地主管国家税务机关申报办理税务登记。 （3）有固定生产经营场所的个体工商业户向经营地主管国家税务机关申报办理税务登记，流动经营的个体工商户，向户籍所在地主管国家税务机关申报办理税务登记。 （4）对未领取营业执照从事承包、租赁经营的纳税人，向经营地主管国家税务机关申报办理税务登记

续表

需提供的资料	（1）营业执照。 （2）有关章程、合同、协议书。 （3）银行账号证明。 （4）法定代表人或业主居民身份证、护照或者回乡证等其他合法证件。 （5）总机构所在地国家税务机关证明。 （6）如实填报的税务登记表。 纳税人领取税务登记表或者注册税务登记表后，应当按照规定内容逐项如实填写，并加盖企业印章，经法定代表人签字或业主签字后，将税务登记表或者注册税务登记表报送主管国家税务机关。 （7）国家税务机关要求提供的其他有关证件、资料
登记的主要内容	机构名称、地址、法定代表人、注册资本、主要业务范围、财务负责人等
其他注意事项	纳税人报送的税务登记表和提供的有关证件、资料，经主管国家税务机关审核后，可向主管国家税务机关领取税务登记证

2.2.1.3　如何办理变更税务登记

表2-2　办理变更税务登记的基本要求

需要办理的情形	纳税人改变名称、法定代表人或者业主姓名、经济类型、经济性质、住所或者经营地点（指不涉及改变主管国家税务机关）、生产经营范围、经营方式、开户银行及账号等内容的，需要办理变更税务登记
时间要求	应当自工商行政管理机关办理变更登记之日起三十日内，持下列有关证件向原主管国家税务机关提出变更登记书面申请报告
需提供的资料	（1）营业执照。 （2）变更登记的有关证明文件。 （3）国家税务机关发放的原税务登记证件（包括税务登记证及其副本、税务登记表等）。 （4）其他有关证件

2.2.1.4　如何办理注销税务登记

表2-3　办理注销税务登记的基本要求

需要办理的情形	（1）纳税人发生破产、解散、撤销以及其他依法应当终止履行纳税义务的。 （2）纳税人因变动经营地点、住所而涉及改变主管国家税务机关的。 （3）纳税人被工商行政管理机关吊销营业执照的

时间要求	向工商行政管理机关办理注销登记前，或自营业执照被吊销之日起十五日内
受理的税务机关	向原主管国家税务机关办理注销税务登记

2.2.2　如何办理纳税申报

2.2.2.1　什么是纳税申报，我国当前有哪些纳税申报的形式

在一个纳税期限（一般是一个月）结束之后，企业需要将纳税期限内的业务经营情况、应纳税款的情况等信息以书面的形式进行汇报，这也就是纳税申报（图 2-3）。纳税申报并不是缴纳税款，只是将纳税的信息向国家税务机关进行汇报。

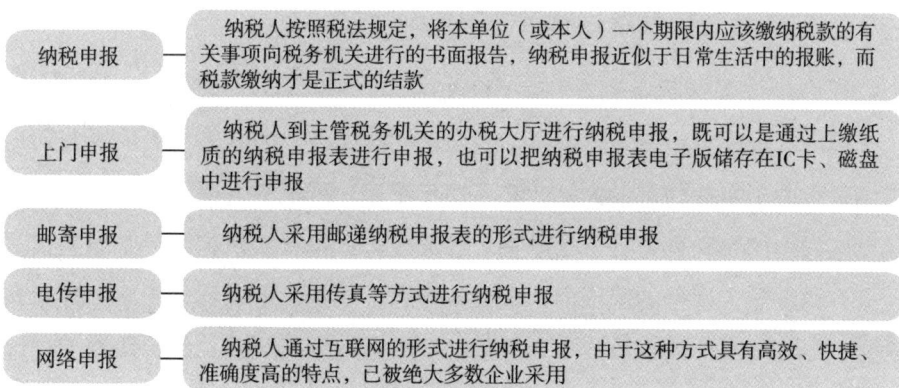

纳税申报	纳税人按照税法规定，将本单位（或本人）一个期限内应该缴纳税款的有关事项向税务机关进行的书面报告，纳税申报近似于日常生活中的报账，而税款缴纳才是正式的结款
上门申报	纳税人到主管税务机关的办税大厅进行纳税申报，既可以是通过上缴纸质的纳税申报表进行申报，也可以把纳税申报表电子版储存在IC卡、磁盘中进行申报
邮寄申报	纳税人采用邮递纳税申报表的形式进行纳税申报
电传申报	纳税人采用传真等方式进行纳税申报
网络申报	纳税人通过互联网的形式进行纳税申报，由于这种方式具有高效、快捷、准确度高的特点，已被绝大多数企业采用

图2-3　纳税申报的概念与主要形式

2.2.2.2　办理纳税申报有哪些要求

纳税申报的基本要求见表 2-4。

表2-4　纳税申报的基本要求

纳税申报的对象	凡取得应纳税收入、负有纳税义务的单位或个人，均应该进行纳税申报
纳税申报的期限	各税种的要求不同，凡以 1 个月为一期纳税的，于期满后 10 日内申报

续表

违反纳税申报规定的法律责任	纳税人未按照规定的期限办理纳税申报的，或者扣缴义务人、代征人未按照规定的期限向国家税务机关报送代扣代缴、代收代缴税款报告表的，由国家税务机关责令限期改正，可以处以2000元以下的罚款；逾期不改正的，可以处以2000元以上10000元以下的罚款

2.3 企业的纳税筹划

2.3.1 什么是纳税筹划，纳税筹划有哪些特征

2.3.1.1 什么是纳税筹划

国内的税收实践者对纳税筹划做出不同的表述，如有人认为纳税筹划是指纳税人为了实现利益最大化，在不违反法律、法规的前提下，对尚未发生或已经发生的应税行为进行的各种巧妙的安排；也有人认为纳税筹划是指纳税人在税法规定许可的范围内，通过对经营、投资、理财活动的事先筹划和安排，尽可能地节约税收成本并取得税收收益。综上所述，纳税筹划至少包括以下四层意思（图2-4）。

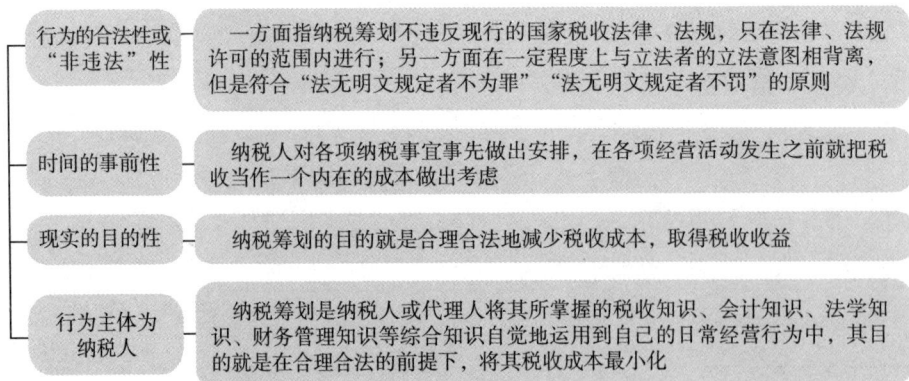

行为的合法性或"非违法"性	一方面指纳税筹划不违反现行的国家税收法律、法规，只在法律、法规许可的范围内进行；另一方面在一定程度上与立法者的立法意图相背离，但是符合"法无明文规定者不为罪""法无明文规定者不罚"的原则
时间的事前性	纳税人对各项纳税事宜事先做出安排，在各项经营活动发生之前就把税收当作一个内在的成本做出考虑
现实的目的性	纳税筹划的目的就是合理合法地减少税收成本，取得税收收益
行为主体为纳税人	纳税筹划是纳税人或代理人将其所掌握的税收知识、会计知识、法学知识、财务管理知识等综合知识自觉地运用到自己的日常经营行为中，其目的就是在合理合法的前提下，将其税收成本最小化

图2-4 纳税筹划的四层含义

2.3.1.2 纳税筹划有哪些特征

从前面纳税筹划的概念和纳税筹划与税收欺诈的区别中，我们总结出纳税筹划的主要特征（表2-5）。

表2-5 纳税筹划的特征

纳税筹划应具备超前意识	由于纳税人的纳税筹划行为是在具体的业务发生之前进行的，因而这些活动或行为就属于超前行为，需要具备超前意识才能进行
纳税筹划不能与税法相抵触	企业进行纳税筹划的最终目的是降低税收成本、减轻税收负担，但这个目标的实现只能是在合法合理的前提下进行，而且要被征税机关所认可
纳税筹划要具备自我保护意识	既然纳税筹划要在不违法或"非违法"的前提下进行，那么纳税筹划行为离不合法的距离越远越好，这就是纳税人的一种自我保护意识
纳税筹划具备三个结合点	第一个结合点是将业务流程和现行的有关税收政策结合起来；第二个结合点是将税收政策与其相适应的纳税筹划方法结合起来；第三个结合点是将恰当的纳税筹划方法与相应的会计处理技巧结合起来

2.3.2 企业可以进行哪些纳税筹划

按照分税种纳税筹划，几乎企业所有的税种都可以进行纳税筹划，主要是合理利用各种税收优惠政策，为企业合理避税。

3 "营改增"之后的增值税

● 全章概览

　　提到增值税相信大家都不怎么陌生，作为我国的一个主要税种，其征收的范围是非常广泛的。尤其是 2016 年 5 月 1 日全面"营改增"之后，几乎每个行业都要缴纳增值税。

　　增值税是一种流转税，企业缴纳的增值税最终会流转到消费者身上。所以在不知不觉的购物行为中，我们就已经在为国家的税收做贡献了。

　　说到企业的增值税缴纳，是否所有的经济业务都需要缴纳增值税呢？是否所有的企业缴纳增值税的方式都是一样的呢？增值税税额是怎样计算的呢？带着这些问题，让我们进入本章的学习。

3.1 增值税概述

3.1.1 哪些行为要交增值税

增值税是以单位和个人生产经营过程中取得的增值额为课税对象征收的一种税。在我国境内，凡具有以下行为的单位和个人，均需要缴纳增值税。

（1）销售货物。

（2）提供加工和修理修配劳务。

（3）销售服务，指提供交通运输服务、邮政服务、电信服务、建筑服务、金融服务、现代服务、生活服务。

（4）销售无形资产，指有偿转让无形资产，是转让无形资产所有权或者使用权的业务活动。

（5）销售不动产，指有偿转让不动产，是转让不动产所有权的业务活动。

（6）进口货物，指申报进入我国海关境内的货物。

3.1.2 增值税的计税原理是什么

增值税的计税原理是通过增值税的计税方法体现出来的。增值税的计税方法是以每一生产经营环节上发生的货物或劳务的销售额为计税依据，然后按规定税率计算出货物或劳务的整体税负，同时通过税款抵扣方式将外购项目在以前环节已纳的税款予以扣除，从而完全避免了重复征税。该原理具体体现在以下几个方面。

（1）按全部销售额计算税款，但只对货物或劳务价值中新增价值部分征税。

（2）实行税款抵扣制度，对以前环节已纳税款予以扣除。

（3）税款随着货物的销售逐环节转移，最终消费者是全部税款的承担者，但政府并不直接向消费者征税，而是在生产经营的各个环节分段征收，各环节的纳税人并不承担增值税税款。

3.1.3 什么是"营改增"改革

为促进第三产业发展，从 2012 年 1 月 1 日起，在部分地区和行业开展深化增值税制度改革试点，到 2016 年 5 月 1 日，征收营业税的行业全部改为征收增值税。在全国范围内全面推开营业税改征增值税试点，建筑业、房地产业、金融业、生活服务业纳入试点范围，由缴纳营业税改为缴纳增值税。至此，营业税全部改征增值税，营业税成为我国税收制度发展史的组成部分，流通环节由增值税全覆盖。

3.2 纳税人和扣缴义务人

3.2.1 什么是增值税纳税人与扣缴义务人

3.2.1.1 纳税人

根据《增值税暂行条例》及《营业税改征增值税试点实施办法》的规定，凡在中华人民共和国境内销售货物或者提供加工、修理修配劳务、销售服务、无形资产或者不动产，以及进口货物的单位或个人，为增值税的纳税人。

单位是指一切从事销售或进口货物、提供应税劳务、销售应税服务、无形资产或不动产的单位，包括企业、行政单位、事业单位、军事单位、社会团体及其他单位。

个人是指从事销售或进口货物、提供应税劳务、销售应税服务、无形资产或不动产的个人，包括个体工商户和其他个人。

单位租赁或承包给其他单位或者个人经营的，以承租人或承包人为纳税人。

对报关进口的货物，以进口货物的收货人或办理报关手续的单位和个人为进口货物的纳税人。

3.2.1.2　扣缴义务人

中华人民共和国境外单位或个人在境内提供应税劳务，在境内未设有经营机构的，其应纳税款以境内代理人为扣缴义务人；在境内没有代理人的，以购买方为增值税扣缴义务人。

中华人民共和国境外单位或个人在境内销售服务、无形资产或者不动产，在境内未设有经营机构的，以购买方为增值税扣缴义务人。财政部和国家税务总局另有规定的除外。

中华人民共和国境外单位或个人在境内货物或提供加工、修理修配劳务是指销售货物的起运地或所在地在境内；提供的应税劳务发生地在境内。

在境内销售服务、无形资产或者不动资产，是指以下情况。

（1）服务（租赁不动产除外）或者无形资产（自然资源使用权除外）的销售方或购买方在境内。

（2）所销售或者租赁的不动产在境内。

（3）所销售自然资源使用权的自然资源在境内。

（4）财政部和国家税务总局规定的其他情形。

3.2.1.3　合并纳税

两个或者两个以上的纳税人，经财政部和国家税务总局批准可以视为一个纳税人合并纳税。具体办法由财政部和国家税务总局另行规定。

3.2.2 增值税纳税人划分为哪几类

3.2.2.1 增值税纳税人分类的依据

根据《增值税暂行条例》及其实施细则的规定，划分一般纳税人和小规模纳税人的基本依据是纳税人的会计核算是否健全，以及企业规模的大小。衡量企业规模的大小一般以年销售额为依据，因此，现行增值税制度是以纳税人年应税销售额的大小为依据。会计核算健全是指能够按照国家统一的会计制度规定设置账簿，根据合法、有效凭证进行核算。

3.2.2.2 划分一般纳税人与小规模纳税人的目的

对增值税纳税人进行分类，主要是为了适应纳税人经营管理规模差异大、财务核算水平不一的实际情况。分类管理有利于税务机关加强重点税源管理，简化小型企业的计算缴纳程序，也有利于对专用发票正确使用与安全管理要求的落实。

这两类纳税人在税款计算方法、适用税率以及管理办法上都有所不同。对一般纳税人实行凭发票抵扣的计税方法，对小规模纳税人规定简便易行的计税方法和征收管理方法。

3.2.3 什么样的人可以划分为增值税小规模纳税人

3.2.3.1 小规模纳税人的标准

小规模纳税人是指年销售额在规定标准以下，并且会计核算不健全，不能按规定报送有关税务资料的增值税纳税人。会计核算不健全是指不能正确核算增值税的销项税额、进项税额和应纳税额。

根据《增值税暂行条例》及其实施细则和《营业税改征增值税试点实施办法》及相关文件的规定，小规模纳税人的标准如下。

1. 一般规定

为完善增值税制度，进一步支持中小微企业发展，现将增值税小规模纳税人标准统一如下。

（1）增值税小规模纳税人标准为年应征增值税销售额 500 万元及以下。

（2）按照《中华人民共和国增值税暂行条例实施细则》第二十八条规定已登记为增值税一般纳税人的单位和个人，在 2018 年 12 月 30 日前，可转登记为小规模纳税人，其未抵扣的进项税额作转出处理。

2. 特殊规定

年应税销售额超过小规模纳税人标准的其他个人按小规模纳税人纳税；年应税销售额超过规定标准但不经常发生应税行为的单位和个体工商户，以及非企业性单位、不经常发生应税行为的企业，可选择按照小规模纳税人纳税。

旅店业和饮食业纳税人销售非现场消费的食品，属于不经常发生增值税应税行为，自 2013 年 5 月 1 日起，可以选择按小规模纳税人缴纳增值税。

兼有销售货物、提供加工修理修配劳务以及应税服务，且不经常发生应税行为的单位和个体工商户可选择按小规模纳税人纳税。

小规模纳税人的标准由国务院财政、税务主管部门规定。

3.2.3.2　小规模纳税人的管理

小规模纳税人实行简易办法征收增值税，一般不得使用增值税专用发票，只能开具增值税普通发票。

3.2.4　一般纳税人可以转为小规模纳税人吗

3.2.4.1　一般纳税人的登记范围

按照《国务院关于取消和调整一批行政审批项目等事项的决定》精神，国家税务总局对增值税一般纳税人管理有关事项进行了调整。增值税一般纳税人资格实行登记制，登记事项由增值税纳税人向其主管税务机关办理。

（1）增值税纳税人，年应税销售额超过财政部、国家税务总局规定的小规模纳税人标准的，除另有规定外，应当向主管税务机关申请一般纳税人资格登记。

（2）营业税改征增值税试点纳税人与一般纳税人的认定。

①一般规定。除试点实施前已取得增值税一般纳税人资格并兼有应税服务的试点纳税人外，营业税改征增值税（以下简称"营改增"）试点实施前

（以下简称试点实施前）"营改增"应税行为年销售额超过 500 万元的试点纳税人，应向主管税务机关申请办理增值税一般纳税人资格登记，具体登记办法由国家税务总局制定。

试点纳税人试点实施前的应税行为年销售额按以下公式换算：

应税行为年销售额=连续不超过12个月应税行为营业额合计÷（1+3%）

按照现行营业税规定差额征收营业税的试点纳税人，其应税行为营业额按未扣除之前的营业额计算。

试点实施前已取得增值税一般纳税人资格并兼有"营改增"应税行为的试点纳税人，不需要重新申请登记，由主管税务机关制作、送达"税务事项通知书"，告知纳税人。

试点实施后，试点纳税人应按照相关规定，办理增值税一般纳税人资格登记。按"营改增"有关规定，在确定销售额时可以差额扣除的试点纳税人，其应税行为年销售额按未扣除之前的销售额计算。

②例外规定。应税服务年销售额超过规定标准的其他个人不属于一般纳税人，不经常提供应税服务的非企业性单位、企业和个体工商户可选择按照小规模纳税人纳税。

年应税销售额未超过规定标准的纳税人，会计核算健全，能够提供准确税务资料的，可以向主管税务机关办理一般纳税人资格登记，成为一般纳税人。

会计核算健全，是指能够按照国家统一的会计制度规定设置账簿，根据合法、有效凭证核算。

符合一般纳税人条件的纳税人应当向主管税务机关申请一般纳税人资格登记。

除国家税务总局另有规定外，一经登记为一般纳税人后，不得转为小规模纳税人。

③特殊规定。兼有销售货物、提供加工修理修配劳务以及应税服务的纳税人，应税货物及劳务销售额与应税服务销售额分别计算，分别适用增值税一般纳税人资格登记标准。

④其他规定。年应税销售额未超过财政部、国家税务总局规定的小规模

纳税人标准以及新开业的纳税人，可以向主管税务机关申请一般纳税人资格登记。

对提出申请并且能够按照国家统一的会计制度设置账簿，根据合法、有效凭证核算，能够提供准确税务资料的纳税人，主管税务机关应当为其办理一般纳税人资格登记。

⑤不办理资格登记的情形。下列纳税人不办理一般纳税人资格登记。

a. 个体工商户以外的其他个人。其他个人指自然人。

b. 选择按照小规模纳税人纳税的非企业性单位。非企业性单位是指行政单位、事业单位、军事单位、社会团体和其他单位。

c. 选择按照小规模纳税人纳税的不经常发生应税行为的企业。不经常发生应税行为的企业是指非增值税纳税人，不经常发生应税行为是指其偶然发生增值税应税行为。

3.2.4.2　一般纳税人资格登记程序

年应税销售额未超过增值税小规模纳税人标准以及新开业的增值税纳税人，可以向主管税务机关申请增值税一般纳税人资格登记。

纳税人办理一般纳税人资格登记的程序如下。

（1）纳税人向主管税务机关填报"增值税一般纳税人资格登记表"，并提供税务登记证件；税务登记证件，包括纳税人领取的由工商行政管理部门核发的加载法人和其他组织统一社会信用代码的营业执照。

（2）纳税人填报内容与税务登记信息一致的，主管税务机关当场登记。

（3）纳税人填报内容与税务登记信息不一致，或者不符合填列要求的，税务机关应当场告知纳税人需要补正的内容。

除财政部、国家税务总局另有规定外，纳税人自其选择的一般纳税人资格生效之日起，按照增值税一般计税方法计算应纳税额，并按照规定领用增值税专用发票。

3.2.4.3　其他纳税人的管理

纳税人年应税销售额超过财政部、国家税务总局规定标准，且符合有关政策规定，选择按小规模纳税人纳税的，应当向主管税务机关提交书面说明。

个体工商户以外的其他个人年应税销售额超过规定标准的，不需要向主管税务机关提交书面说明。

3.2.4.4 办理登记的时限

纳税人年应税销售额超过规定标准的，在申报期结束后15个工作日内按照相关规定办理登记手续；未按规定时限办理的，主管税务机关应当在规定期限结束后5个工作日内制作"税务事项通知书"，告知纳税人应当在5个工作日内向主管税务机关办理相关手续。

3.3 征税范围

3.3.1 我国现行增值税的征税范围是什么

"营改增"之前，我国增值税征税范围包括货物的生产、批发、零售和进口四个环节，2016年5月1日以后，伴随着营业税改征增值税试点实施办法以及相关配套政策的实施，"营改增"试点行业扩大到销售服务、无形资产或者不动产（以下称应税行为），增值税征税范围覆盖第一产业、第二产业和第三产业，包括应税销售行为和进口货物。

3.3.1.1 销售货物

"货物"是指有形动产，包括电力、热力和气体在内。销售货物是指有偿转让货物的所有权。"有偿"不仅指从购买方取得货币，还包括取得货物或其他经济利益。

3.3.1.2 销售劳务

劳务是指纳税人提供的加工、修理修配劳务。加工是指受托加工货物，加工后的货物所有权仍属于委托者的业务，即委托方提供原料及主要材料，受托方按照委托方的要求制造货物并收取加工费的业务；修理修配是指受托方对损伤和丧失功能的货物进行修复，使其恢复原状和功能的业务。这里的"提供加工和修理修配劳务"都是指有偿提供加工和修理修配劳务。但单位或个体工商户聘用的员工为本单位或雇主提供加工、修理修配劳务不包括在内。提供应税劳务，是指有偿提供劳务。单位或者个体工商户聘用的员工为本单位或者雇主提供劳务，不包括在内。

3.3.1.3 销售服务

销售服务，是指提供交通运输服务、邮政服务、电信服务、建筑服务、金融服务、现代服务、生活服务。

1. 交通运输服务

交通运输服务，是指使用运输工具将货物或者旅客送达目的地，使其空间位置得到转移的业务活动。包括陆路运输服务、水路运输服务、航空运输服务和管道运输服务。

2. 邮政服务

邮政服务，是指中国邮政集团公司及其所属邮政企业提供邮件寄递、邮政汇兑和机要通信等邮政基本服务的业务活动。包括邮政普遍服务、邮政特殊服务和其他邮政服务。

3. 电信服务

电信服务，是指有线、无线的电磁系统或者光电系统等各种通信网络资源，提供语音通话服务，传达、发射、接收或者应用图像、短信等电子数据和信息的业务活动。包括基础电信服务和增值电信服务。

4. 建筑服务

建筑服务，是指各类建筑物、机筑物及其附属设施的建造、修缮、装饰，线路、管道、设备、设施等的安装以及其他工程作业的业务活动。包括工程服务、安装服务、修缮服务、装饰服务和其他建筑服务。

5. 金融服务

金融服务，是指经营金融保险的业务活动。包括贷款服务、直接收费金融服务、保险服务和金融商品转让。

6. 现代服务

现代服务，是指围绕制造业、文化产业、现代物流产业等提供技术性、知识性服务的业务活动。包括研发和技术服务、信息技术服务、文化创意服务、物流辅助服务、租赁服务、鉴证咨询服务、广播影视服务、商务辅助服务和其他现代服务。

7. 生活服务

生活服务，是指为满足城乡居民日常生活需求提供的各类服务活动。包括文化体育服务、教育医疗服务、旅游娱乐服务、餐饮住宿服务、居民日常服务和其他生活服务。

3.3.1.4 销售无形资产

销售无形资产，是指有偿转让无形资产，是转让无形资产所有权或者使用权的业务活动。

无形资产，是指不具实物形态，但能带来经济利益的资产，包括技术、商标、著作权、商誉、自然资源使用权和其他权益性无形资产。

技术，包括专利技术和非专利技术。

自然资源使用权，包括土地使用权、海域使用权、探矿权、采矿权、取水权和其他权益性无形资产。

其他权益性无形资产，包括基础设施资产经营权、公共事业特许权、配额、经营权（包括特许经营权、连锁经营权、其他经营权）、经销权、分销权、代理权、会员权、席位权、网络游戏虚拟道具、域名、名称权、肖像权、冠名权、转会费。

3.3.1.5 销售不动产

销售不动产，是指有偿转让不动产，是转让不动产所有权的业务活动。

不动产，是指不能移动或者移动后会引起性质、形状改变的财产，包括建筑物、构筑物等。建筑物，包括住宅、商业营业用房、办公楼等可供居住、工作或者进行其他活动的建造物。构筑物，包括道路、桥梁、隧道、水坝等建造物。

转让建筑物有限产权或者永久使用权的，转让在建的建筑物或者构筑物所有权的，以及在转让建筑物或者构筑物时一并转让其所占土地的使用权的，按照销售不动产缴纳增值税。

有偿，是指取得货币、货物或者其他经济利益。

3.3.1.6　进口货物

进口货物是指申报进入我国海关境内的货物。确定一项货物是否属于进口货物，必须看其是否办理了报关进口手续。通常，境外产品要输入境内，必须向我国海关申报进口，并办理有关报关手续。只要是报关进口的应税货物，均属于增值税征税范围，在进口环节缴纳增值税（享受免税政策的货物除外）。

3.3.2　什么是视同销售，对视同销售货物行为的征税有什么规定

单位或个体工商户的下列行为，视同销售货物，征收增值税。

（1）将货物交付其他单位或者个人代销。

（2）销售代销货物。

（3）设有两个以上机构并实行统一核算的纳税人，将货物从一个机构移送其他机构用于销售，但相关机构设在同一县（市）的除外。

用于销售，是指受货机构发生以下情形之一的经营行为。

①向购货方开具发票。

②向购货方收取货款。

受货机构的货物移送行为有上述两项情形之一的，应当向所在地税务机关缴纳增值税；未发生上述情形的，则应由总机构统一缴纳增值税。

如果受货机构只就部分货物向购买方开具发票或收取货款，则应当区别不同情况并分别向总机构所在地或分支机构所在地税务机关缴纳税款。

（4）将自产、委托加工的货物用于非增值税应税项目。

（5）将自产、委托加工的货物用于集体福利或个人消费。

（6）将自产、委托加工或购进的货物作为投资，提供给其他单位或个体工商户。

（7）将自产、委托加工或购进的货物分配给股东或投资者。

（8）将自产、委托加工或购进的货物无偿赠送给其他单位或者个人。

（9）单位和个体工商户向其他单位或个人无偿销售应税服务、无偿转让无形资产或者不动产，但用于公益事业或者以社会公众为对象的除外。

（10）财政部和国家税务总局规定的其他情形。

对上述行为视同销售货物或提供应税劳务，按规定计算销售额并征收增值税。一是为了防止通过这些行为逃避纳税，造成税基被侵蚀，税款流失；二是为了避免税款抵扣链条的中断，导致各环节税负的不均衡，造成重复征税。

3.4 税率

3.4.1 增值税税率就是 13% 吗

根据确定增值税税率的基本原则，我国增值税设置了一档基本税率和一档低税率，此外还有对出口货物实施的零税率。营业税改征增值税试点实施后，又增加了两档税率。

（1）纳税人销售货物、劳务、有形动产租赁服务或者进口货物，税率为13%。

（2）纳税人销售交通运输、邮政、基础电信、建筑、不动产租赁服务，销售不动产，转让土地使用权，销售或者进口下列货物，税率为9%。

①粮食等农产品、食用植物油、食用盐。

②自来水、暖气、冷气、热水、煤气、石油液化气、天然气、二甲醚、

沼气、居民用煤炭制品。

③图书、报纸、杂志、音像制品、电子出版物。

④饲料、化肥、农药、农机、农膜。

⑤国务院规定的其他货物。

（3）纳税人销售服务（金融服务、现代服务、生活服务）、无形资产的税率为6%。

（4）纳税人出口货物，税率为零；但是国务院另有规定的除外。

（5）境内单位和个人跨境销售国务院规定范围内的服务、无形资产，税率为零。

（6）销售货物、劳务，提供的跨境应税行为，符合免税条件的，免税。

3.4.2　增值税中征收率为 3% 是怎么回事

增值税征收率是指对特定的货物或特定的纳税人发生应税销售行为在某一生产流通环节应纳税额与销售额的比率。增值税征收率适用于两种情况，一是小规模纳税人，二是一般纳税人发生应税销售行为按规定可以选择简易计税方法计税的。

3.4.2.1　征收率的一般规定

1. 下列情况适用 3% 征收率

（1）小规模纳税人销售货物或加工、修理修配劳务。

（2）销售应税服务、无形资产。

（3）一般纳税人发生按规定适用或可以选择适用简易计税方法计税的特定应税行为，但适用 5% 征收率的除外。

2. 下列情况适用 5% 征收率

（1）销售不动产。

（2）经营租赁不动产（土地使用权）。

（3）转让营改增前取得的土地使用权。

（4）房地产开发企业销售、出租自行开发的房地产老项目。

（5）一级、二级公路，桥，闸（老项目）通行费。

（6）特定的不动产融资租赁。

（7）选择差额纳税的劳动服务派遣、安全保护服务。

（8）一般纳税人提供人力资源外包服务。

（9）中外合作油气田开采的原油、天然气。

（10）个人出租住房，应按照 5% 的征收率减按 1.5% 计算应纳税额。

（11）纳税人销售旧货、小规模纳税人以及符合规定情形的一般纳税人销售自己使用过的固定资产，可依据 3% 征收率减按 2% 征收增值税。

3.4.2.2 征收率的特殊政策

（1）适用 3% 征收率的某些一般纳税人和小规模纳税人可以减按 2% 计征增值税。

①一般纳税人销售自己使用过的属于《增值税暂行条例》第十条不得抵扣且未抵扣进项税固定资产，按照简易办法 3% 的征收率减按 2% 征收增值税。

②小规模纳税人销售自己使用过的固定资产，减按 2% 征收率征收增值税。

③纳税人销售旧货，按照简易办法 3% 的征收率减按 2% 征收增值税。

（2）提供物业管理服务的纳税人，向服务接受方收取的自来水水费，以扣除对外支付的自来水水费后的余额为销售额，按照简易办法 3% 的征收率计算缴纳增值税。

（3）小规模纳税人提供劳务派遣服务，以取得的全部价款和价外费用为销售额，按照简易办法 3% 的征收率计算缴纳增值税。

（4）非企业性单位中的一般纳税人提供的研发、信息技术服务、鉴证咨询、销售技术和著作权等无形资产，可以选择简易办法 3% 的征收率计算缴纳增值税。

（5）一般纳税人提供教育辅导服务的，可以选择简易办法 3% 的征收率计算缴纳增值税。

3.5 增值税计税方法的一般规定

增值税的计税方法，包括一般计税方法、简易计税方法和扣缴计税方法。

3.5.1 哪些情况下使用增值税的一般计税方法，如何计算应纳税额

一般纳税人销售货物，提供加工修理修配劳务，销售服务、无形资产或者不动产适用一般计税方法计税。

当期应纳增值税额=当期销项税额−当期进项税额

当期销项税额=当期销售货物服务的销售额×相应税率

当期进项税额=当期购入货物服务的销售额×相应税率

一般计税方法的销售额不包括销项税额，纳税人采用销售额和销项税额合并定价方法的，按照下列公式计算销售额：

销售额=含税销售额÷（1+税率）

一般纳税人提供财政部和国家税务总局规定的特定应税行为，可以选择适用简易计税方法计税，但一经选择，35个月内不得变更。

3.5.1.1 销项税额

销项税额是销售货物或提供应税劳务的销售额与税率的乘积，该概念是相对于进项税额来说的，定义销项税额是为了区别于应纳税额。其计算公式如下：

销项税额=销售额×税率

1. 销售额的一般规定

《增值税暂行条例》第六条规定：销售额为纳税人销售货物或提供应税

劳务向购买方收取的全部价款和价外费用。价外费用包括以下内容。

（1）受托加工应征消费税的消费品所代收代缴的消费税。

（2）符合条件代为收取的政府性基金或行政事业性收费。

（3）以委托方名义开具发票代委托方收取的款项。

（4）销售货物的同时代办保险等而向购买方收取的保险费，以及向购买方收取的代购买方缴纳的车辆购置税、车辆牌照费。

2. 特殊销售方式的销售额

在市场竞争过程中，纳税人会采取某些特殊、灵活的销售方式销售货物，销售服务、无形资产或者不动产，以求扩大销售，占领市场。这些特殊销售方式及销售额的确定方法如下。

（1）以折扣方式销售货物。折扣销售有别于现金折扣，现金折扣通常是为了鼓励购货方及时偿还货款而给予的折扣优待，现金折扣发生在销货之后，而折扣销售则是与实现销售同时发生的，销售折扣不得从销售额中减除。

销售折扣与销售折让是不同的，销售折让通常是指由于货物的品种或质量等原因引起销售额的减少，即销货方给予购货方未予退货状况下的价格折让。销售折让可以通过开具红字专用发票从销售额中减除，未按规定开具红字增值税专用发票的，不得扣减销项税额或销售额。

需要着重说明的是：纳税人发生应税销售行为，如将价款和折扣额在同一张发票上的"金额"栏分别注明的，可按折扣后的销售额征收增值税。未在同一张发票"金额"栏注明折扣额，而仅在发票的备注栏注明折扣额的，折扣额不得从销售额中减除；未在同一张发票上分别注明的，以价款为销售额，不得扣减折扣额。

（2）以旧换新方式销售货物。以旧换新销售，按照新货同期销售价确定销售额，不得减扣旧货物的收购价。但是金银首饰以旧换新业务，可以按照销售方实际收到的不含增值税的全部价款征收增值税。

（3）还本销售方式销售货物。所谓还本销售，指销货方将货物出售之后，按约定的时间，一次或分次将购货款部分或全部退还给购货方，退还的货款即为还本支出。纳税人采取还本销售货物的，不得从销售额中减除还本支出。

（4）采取以物易物方式销售。以物易物双方都应作购销处理，以各自发出的货物核算销售额并计算销项税额，以各自收到的货物核算购货额及进项税额。在以物易物活动中，双方应各自开具合法的票据，必须计算销项税额，但如果收到货物不能取得相应的增值税专用发票或者其他增值税扣税凭证，不得抵扣进项税额。

（5）直销企业增值税销售额确定。直销企业的销售额是其向直销员收取的全部价款和价外费用，按现行规定缴纳增值税。

（6）包装物押金计税问题。包装物是指纳税人包装本单位货物的各种物品。为了促使购货方尽早退回包装物以便周转使用，一般情况下，销货方向购货方收取包装物押金，购货方在规定的期间内返回包装物，销货方再将收取的包装物押金返还。根据税法规定，纳税人为销售货物而出租出借包装物收取的押金，单独记账的、时间在 1 年内、又未过期的，不并入销售额征税；但对逾期未收回不再退还的包装物押金，应按所包装货物的适用税率计算纳税。

这里需要注意两个问题：一是"逾期"的界定，"逾期"是以 1 年（12 个月）为期限。二是押金属于含税收入，应先将其换算为不含税销售额再并入销售额征税。另外，包装物押金与包装物租金不能混淆，包装物租金属于价外费用，在收取时并入销售额征税。

对销售除啤酒、黄酒以外的其他酒类产品收取的包装物押金，无论是否返还以及会计上如何核算，均应并入当期销售额征税。

（7）贷款服务的销售额。贷款服务，以提供贷款服务取得的全部利息以及利息性质的收入为销售额。银行提供贷款服务按期计收利息的，结息日所属期的销售额，按照现行规定计算缴纳增值税。

自 2018 年 1 月 1 日起，资管产品管理人运营资管产品提供的贷款服务以 2018 年 1 月 1 日起产生的利息以及利息性质的收入为销售额。

（8）直接收取金融服务的销售额。直接收取金融服务，以提供直接收费金融服务收取的手续费、佣金、酬金、管理费、服务费、经手费、开户费、过户费、结算费、转托管费等各类费用为销售额。

（9）发卡机构、清算机构和收单机构提供银行卡跨机构资金清算服务，按照有关规定执行。

3. 按差额确定销售额

（1）金融商品转让的销售额。金融商品转让，按照卖出价扣除买入价后的余额为销售额。转让金融商品出现的正负差，按盈亏相抵后的余额为销售额。若相抵后出现负差，可结转下一个纳税期与下期转让金融商品销售额相抵，但年末时仍出现负差的，不得转入下一个会计年度。

（2）经纪代理服务的销售额。经纪服务代理，以取得的全部价款和价外费用，扣除向委托方收取并代为支付的政府性基金或行政事业性收费后的余额为销售额。向委托方收取的政府性基金或者行政事业性收费，不得开具增值税专用发票。

（3）融资租赁和融资性售后回租业务的销售额。经人民银行、银监会或者商务部批准从事融资租赁业务的试点纳税人，提供融资租赁服务，以取得的全部价款和价外费用，扣除支付的借款利息、发行债券利息和车辆购置税后的余额为销售额。

（4）航空运输企业的销售额，不包括代收的机场建设费和代售其他航空运输企业客票而代收转付的价款。

（5）试点纳税人中一般纳税人提供客运场站服务，以其取得的全部价款和价外费用，扣除支付给承运方运费后的余额为销售额。

（6）试点纳税人提供旅游服务，可以选择以取得的全部价款和价外费用，扣除向旅游服务购买方收取并支付给其他单位个人的住宿费、餐饮费、交通费、签证费、门票费和支付其他接团旅游企业的旅游费用后的余额为销售额。

（7）试点纳税人提供建筑服务适用简易计税方法的，以取得的全部价款和价外费用扣除支付的分包款后的余额为销售额。

（8）房地产开发企业中一般纳税人销售其开发的房地产项目（选择简易

计税的除外），以取得的全部价款和价外费用，扣除受让土地时间向政府部门支付的土地价格后的余额为销售额。

4. 视同销售行为销售额的确定

纳税人发生应税销售行为的情形，价格明显偏低并无正当理由的，或者发生应税销售行为但无销售额的，主管税务机关有权按照下列顺序核定其计税销售额。

（1）按纳税人最近时期同类货物的平均销售价格确定。

（2）按其他纳税人最近时期同类货物的平均销售价格确定。

（3）按组成计税价格确定销售额。公式为：

$$组成计税价格=成本×（1+成本利润率）$$

5. 含税销售额的换算

现行增值税实行价外税，即纳税人向购买方销售货物或应税劳务所收取的价款中不应包含增值税税款，价款和税款在增值税专用发票上分别注明。对于一般纳税人发生的应税销售行为，采用销售额和销项税额合并定价方法的，按照如下公式换算：

$$不含税销售额=含税销售额／（1+税率）$$

3.5.1.2　进项税额

进项税额，是指纳税人购进货物、加工修理修配劳务、服务、无形资产或者不动产，支付或者负担的增值税额。

1. 准予从销项税额中抵扣的进项税额

（1）从销售方或提供方取得的增值税专用发票上注明的增值税额（含税控机动车销售统一发票，下同）。

（2）从海关取得的海关进口增值税专用缴款书上注明的增值税额。

（3）自境外单位或者个人购进劳务、服务、无形资产或者境内的不动产，从税务机关或者扣缴义务人取得的代扣代缴税款的完税凭证上注明的增值税额。

（4）购进农产品，按照《农产品增值税进项税额核定扣除试点实施办法》抵扣进项税额。

（5）纳税人取得的增值税扣税凭证不符合法律、行政法规或者国家税务总局有关规定的，其进项税额不得从销项税额中抵扣。

增值税扣税凭证，是指增值税专用发票、海关进口增值税专用缴款书、农产品收购发票、农产品销售发票和完税凭证。

纳税人凭完税凭证抵扣进项税额的，应核对书面合同、付款证明和境外单位的对账单或者发票。资料不全的，其进项税额不得从销项税额中抵扣。

2. 不得从销项税额中抵扣的进项税额

下列项目的进项税额不得从销项税额中抵扣。

（1）用于简易计税方法计税项目、免征增值税项目、集体福利或者个人消费的购进货物、加工修理修配劳务、服务、无形资产和不动产。

（2）非正常损失的购进货物，以及相关的加工修理修配劳务和交通运输服务。

（3）非正常损失的在制品、产成品所耗用的购进货物（不包括固定资产）、加工修理修配劳务和交通运输服务。

（4）非正常损失的不动产，以及该不动产所耗用的购进货物、设计服务和建筑服务。

（5）非正常损失的不动产在建工程所耗用的购进货物、设计服务和建筑服务。

（6）购进的旅客运输服务、贷款服务、餐饮服务、居民日常服务和娱乐服务。

（7）纳税人接受贷款服务向贷款方支付的与该笔贷款直接相关的投融资顾问费、手续费、咨询费等，其进项税不得从销项税中扣除。

（8）财政部和国家税务总局规定的其他情形。

本条第（4）项、第（5）项所称货物，是指不动产实体的材料和设备，包括建筑装饰材料和给排水、采暖、卫生、通风、照明、通讯、煤气、消防、中央空调、电梯、电气、智能化楼宇设备及配套设施。

3.5.1.3 正确计算应纳税额

在确定了销项税额和进项税额后，就可以得出实际应纳税额，基本计算公式为：

$$应纳税额=当期销项税额-当期进项税额$$

1.计算应纳税额的时间界定

计算应纳税额，在确定时间界限时，应掌握以下有关规定。

（1）销项税额的时间界定。增值税纳税人销售货物或提供了应税劳务后，什么时间计算销项税额，关系到当期销项税额的大小。关于销项税额的确定时间，总的原则是：销项税额的确定不得滞后。

（2）进项税额抵扣时限的界定。自2017年7月1日起，增值税一般纳税人取得的2017年7月1日及以后开具的增值税专用发票和机动车销售统一发票，应自开具之日起350日内认证或登录增值税发票选择确认平台进行确认，并在规定的纳税申报期内，向主管国税机关申报抵扣进项税额。

（3）海关完税凭证进项税额的抵扣时限。自2013年7月1日起，增值税一般纳税人（以下简称纳税人）进口货物取得的属于增值税扣税范围的海关进口增值税专用缴款书，需经税务机关稽核比对相符后，其增值税额方能作为进项税额在销项税额中抵扣。增值税一般纳税人取得的2017年7月1日及以后开具的海关进口增值税专用缴款书应自开具之日起350日内向主管国税机关报送"海关完税凭证抵扣清单"，申请稽核比对。

（4）未按期申报抵扣增值税进项税额处理。增值税一般纳税人取得的增值税专用发票以及海关进口增值税专用缴款书，未在规定期限内到税务机关办理认证（按规定不用认证的纳税人除外）或者申报抵扣的，不得抵扣进项税额。

增值税一般纳税人除客观原因以外的其他原因造成增值税扣税凭证未按期申报抵扣的，仍按照现行增值税扣税凭证申报抵扣有关规定执行。

客观原因包括如下类型。

①因自然灾害、社会突发事件等不可抗力原因造成增值税扣税凭证未按期申报抵扣。

②有关司法、行政机关在办理业务或者检查中，扣押、封存纳税人账簿资料，导致纳税人未能按期办理申报手续。

③税务机关信息系统、网络故障，导致纳税人未能及时取得认证结果通知书或稽核结果通知书，未能及时办理申报抵扣。

④由于企业办税人员伤亡、突发危重疾病或者擅自离职，未能办理交接手续，导致未能按期申报抵扣。

⑤国家税务总局规定的其他情形。

2. 进项税额不足抵扣的税务处理

纳税人在计算应纳税额时，如果当期销项税额小于当期进项税额不足抵扣的部分，可以结转下期继续抵扣。

原增值税一般纳税人兼有应税服务的，截止到本地区试点实施之日前的增值税期末留抵税额，不得从应税服务的销项税额中抵扣。

3. 扣减当期进项税额的规定

由于增值税采用"购进扣税法"，当期购进的货物或应税劳务如果未确定用于非经营性项目，其进项税额会在当期销项税额中予以抵扣。但已经抵扣进项税额的购进货物或应税劳务如果事后改变用途，如用于职工福利或个人消费，购进货物发生非正常损失，在制品或产成品发生非正常损失，根据税法规定，应将购进货物或应税劳务的进项税额从当期的进项税额中扣减。无法准确确定该项进项税额的，按当期实际成本计算应扣减的进项税额。

4. 销售折让、中止或者退回涉及销项税额和进项税额的税务处理

纳税人适用一般计税方法计税的，因销售折让、中止或者退回而退还给购买方的增值税额，应当从当期的销项税额中扣减；因销售折让、中止或者退回而收回的增值税额应当从当期的进项税额中扣减。开具增值税专用发票后，应税销售行为发生退回或者折让、开票有误等情形，应按国家税务总局的规定开具红字增值税专用发票。未按规定开具红字增值税专用发票的不得扣减销项税额或者销售额。

5. 向供货方取得返还收入的税务处理

自 2004 年 7 月 1 日起，对商业企业向供货方收取的与商品销售量、销售额挂钩（如以一定比例、金额、数量计算）的各种返还收入，均应按照平销返利行为的有关规定冲减当期增值税进项税金。应冲减进项税金的计算公

式调整为：

当期应冲减进项税金=当期取得的返还资金÷（1+所购货物适用增值税
税率）×所购货物适用增值税税率

商业企业向供货方收取的各种返还收入，一律不得开具增值税专用
发票。

6.一般纳税人注销时进项税额的处理

一般纳税人注销或取消一般纳税人资格，转为小规模纳税人时，其存货
不作进项税额转出处理，其留抵税额也不予以退税。

7.金融机构开展个人实物黄金交易业务增值税的处理

各支行、分理处、储蓄所应依法向机构所在地主管国家税务局申请办理
税务登记。各支行应按月汇总所属分理处、储蓄所上报的实物黄金销售额和
本支行的实物黄金销售额，按照规定的预征率计算增值税预征税额，向主管
税务机关申报缴纳增值税。

预征税额=销售额×预征率

各省级分行和直属一级分行应向机构所在地主管国家税务局申请办理税
务登记，申请认定增值税一般纳税人资格。按月汇总所属地市分行或支行上
报的实物黄金销售额和进项税额，按照一般纳税人方法计算增值税应纳税
额，根据已预征税额计算应补税额，向主管税务机关申报缴纳。

应纳税额=销项税额-进项税额

应补税额=应纳税额-预征税额

当期进项税额大于销项税额的，其留抵税额结转下期抵扣，预征税额大
于应纳税额的，在下期增值税应纳税额中抵减。

8.纳税人转让不动产增值税征收管理暂行办法

一般纳税人转让其2016年4月29日前取得（不含自建）的不动产，可
以选择适用简易计税方法计税，以取得的全部价款和价外费用扣除不动产购
置原价或者取得不动产时的作价后的余额为销售额，按照5%的征收率计算
应纳税额。一般纳税人转让其2016年4月29日前自建的不动产，可以选择
适用简易计税方法计税，以取得的全部价款和价外费用为销售额，按照5%

的征收率计算应纳税额。纳税人应按照上述计税方法向不动产所在地主管地税机关预缴税款，向机构所在地主管国税机关申报纳税。

小规模纳税人转让其取得（不含自建）的不动产，以取得的全部价款和价外费用扣除不动产购置原价或者取得不动产时的作价后的余额为销售额，按照5%的征收率计算应纳税额。小规模纳税人转让其自建的不动产，以取得的全部价款和价外费用为销售额，按照5%的征收率计算应纳税额。

9.纳税人跨县（市、区）提供建筑服务增值税征收管理暂行办法

纳税人跨县（市、区）提供建筑服务，按照以下公式计算应预缴税款。

（1）适用一般计税方法计税的，公式为：

应预缴税款=（全部价款和价外费用−支付的分包款）÷（1+10%）×2%

（2）适用简易计税方法计税的，公式为：

应预缴税款=（全部价款和价外费用−支付的分包款）÷（1+3%）×3%

纳税人取得的全部价款和价外费用扣除支付的分包款后的余额为负数的，可结转下次预缴税款时继续扣除。纳税人应按照工程项目分别计算应预缴税款，分别预缴。

纳税人按照上述规定从取得的全部价款和价外费用中扣除支付的分包款，应当取得符合法律、行政法规和国家税务总局规定的合法有效凭证，否则不得扣除。

10.纳税人提供不动产经营租赁服务增值税征收管理暂行办法

一般纳税人出租其2016年4月29日前取得的不动产，可以选择适用简易计税方法，按照5%的征收率计算应纳税额。不动产所在地与机构所在地不在同一县（市、区）的，纳税人应按照上述计税方法向不动产所在地主管国税机关预缴税款，向机构所在地主管国税机关申报纳税。

一般纳税人出租其2016年5月1日后取得的不动产，适用一般计税方法计税。不动产所在地与机构所在地不在同一县（市、区）的，纳税人应按照3%的预征率向不动产所在地主管国税机关预缴税款，向机构所在地主管国税机关申报纳税。

小规模纳税人出租不动产，按照以下规定缴纳增值税：单位和个体工商

户出租不动产（不含个体工商户出租住房），按照 5% 的征收率计算应纳税额。个体工商户出租住房，按照 5% 的征收率减按 1.5% 计算应纳税额。 其他个人出租不动产（不含住房），按照 5% 的征收率计算应纳税额，向不动产所在地主管地税机关申报纳税。其他个人出租住房，按照 5% 的征收率减按 1.5% 计算应纳税额，向不动产所在地主管地税机关申报纳税。

11. 房地产开发企业不动产经营租赁服务的增值税处理

（1）房地产开发企业中的一般纳税人，出租自行开发的房地产老项目，可以选择适用简易计税方法，按照 5% 的征收率计算应纳税额。纳税人出租自行开发的房地产老项目与其机构所在地不在同一县（市）的，应按照上述计税方法在不动产所在地预缴税款后，向机构所在地主管税务机关进行纳税申报。

房地产开发企业中的一般纳税人，出租其 2016 年 5 月 1 日后自行开发的与机构所在地不在同一县（市）的房地产项目，应按照 3% 预征率在不动产所在地预缴税款后，向机构所在地主管税务机关进行纳税申报。

（2）房地产开发企业中的小规模纳税人，出租自行开发的房地产项目，按照 5% 的征收率计算应纳税额。纳税人出租自行开发的房地产项目与其机构所在地不在同一县（市）的，应按照上述计税方法在不动产所在地预缴税款后，向机构所在地主管税务机关进行纳税申报。

12. 房地产开发企业（一般纳税人）销售自行开发税务房地产项目增值税征收管理暂行办法

房地产开发企业中的一般纳税人（以下简称一般纳税人）销售自行开发的房地产项目，适用一般计税方法计税，按照取得的全部价款和价外费用，扣除当期销售房地产项目对应的土地价款后的余额计算销售额。销售额的计算公式如下：

销售额=（全部价款和价外费用−当期允许扣除的土地价款）÷（1+10%）

当期允许扣除的土地价款=当期销售房地产项目建筑面积÷房地产项目可供销售建筑面积×支付的土地价款

当期销售房地产项目建筑面积，是指当期进行纳税申报的增值税销售额对应的建筑面积。

房地产项目可供销售建筑面积，是指房地产项目可以出售的总建筑面积，不包括销售房地产项目时未单独作价结算的配套公共设施的建筑面积。

支付的土地价款，是指向政府、土地管理部门或受政府委托收取土地价款的单位直接支付的土地价款。

一般纳税人销售自行开发的房地产老项目，可以选择适用简易计税方法按照 5% 的征收率计税。一经选择简易计税方法计税的，35 个月内不得变更为一般计税方法计税。

一般纳税人采取预收款方式销售自行开发的房地产项目，应在收到预收款时按照 3% 的预征率预缴增值税。应预缴税款按照以下公式计算：

$$应预缴税款=预收款÷（1+适用税率或征收率）×3\%$$

适用一般计税方法计税的，按照 10% 的适用税率计算；适用简易计税方法计税的，按照 5% 的征收率计算。

不得抵扣的进项税额=当期无法划分的全部进项税额×
（简易计税、免税房地产项目建设规模÷房地产项目总建设规模）

3.5.2 小规模纳税人使用简易计税方法

小规模纳税人提供应税服务适用简易计税方法计税。

$$当期应纳增值税额=当期销售额×征收率$$

3.5.3 扣缴计税方法

境外单位或者个人在境内提供应税行为，在境内未设有经营机构的，扣缴义务人按照下列公式计算应扣缴税额：

$$应扣缴税额=接受方支付的价款÷（1+税率）×税率$$

3.5.4 增值税具有哪些优惠

（1）农业生产者销售的自产农产品。农业，是指种植业、养殖业、林业、牧业、水产业。农业生产者，包括从事农业生产的单位和个人。农产品，是指初级农产品，具体范围由财政部、国家税务总局确定。

（2）避孕药品和用具。

（3）古旧图书。古旧图书是指向社会收购的古书和旧书。

（4）直接用于科学研究、科学试验和教学的进口仪器、设备。

（5）外国政府、国际组织无偿援助的进口物资和设备。

（6）由残疾人组织直接进口供残疾人专用的物品。

（7）销售的自己使用过的物品，自己使用过的物品是指其他个人使用过的物品。

3.5.5 "营改增"好处多

3.5.5.1 下列项目免征增值税

（1）托儿所、幼儿园提供的保育和教育服务。

（2）养老机构提供的养老服务。

（3）残疾人福利机构提供的育养服务。

（4）婚姻介绍服务。

（5）殡葬服务。

（6）残疾人员本人为社会提供的服务。

（7）医疗机构提供的医疗服务。

（8）从事学历教育的学校提供的教育服务。

（9）学生勤工俭学提供的服务。

（10）农业机耕、排灌、病虫害防治、植物保护、农牧保险以及技术培训业务，家禽、牲畜、水生动物的配种和疾病防治。

（11）纪念馆、博物馆、文化馆、文物保护单位管理机构、美术馆、展览馆、书画院、图书馆在自己的场所提供文化体育服务取得的第一道门票。

（12）寺院、宫关、清真寺和教堂举办文化、宗教活动的门票收入。

（13）行政单位外的其他单位收取的符合《试点实施办法》第十条规定条件的政府性基金和行政事业基金。

（14）个人转让著作权。

（15）个人销售自建自住住房。

（16）台湾航运公司、航空公司从事海峡两岸海上直航、空中直航业务在大陆取得的运输收入。

（17）纳税人提供的直接或间接国际货运代理服务。

（18）以下的利息收入。

①2016年12月31日前，金融机构农户小额贷款。

②国家助学贷款。

③国债、地方政府债。

④人民银行对金融机构的贷款。

⑤住房公积金管理中心用住房公积金在指定的委托银行发放的个人住房贷款。

⑥外汇管理部门在从事国家外汇储备经营过程中，委托金融机构发放的外汇贷款。

⑦统借统还业务，企业集团或企业集团中核心企业以及集团所属财务公司按照不高于支付给金融机构的借款利率水平或者支付的债券票面利率水平，向企业集团或者下属单位收取的利息。

（19）被撤销的金融机构以货物、不动产、无形资产、有价证券、票据等财务清偿债务。

（20）保险公司开办一年期及以上人身保险产品收取的保费收入。

（21）再保险服务。境内保险公司向境外保险公司提供的完全在境外消费的再保险服务，免征增值税。

（22）金融商品转让收入。

（23）金融同业往来利息收入。

（24）符合条件的担保机构从事中小企业信用担保或者再担保业务取得的收入，3年内免征增值税。

（25）国家商品储备管理单位以及直属企业承担商品储备任务，从中央或者地方财政收取的利息补贴收入和价差补贴收入。

（26）纳税人提供的技术转让、技术开发和与之相关的技术咨询、技术服务。

（27）符合条件的合同能源管理服务。

（28）政府举办的从事学历教育的高等、中等和初等学校，举办进修班、培训班取得的全部归该学校所有的收入。

（29）政府举办的职业学校设立的主要为在校生提供的实习场所，并由学校出资自办、经营收入归学校所有的企业。从事现代服务业务取得的收入。

（30）家政服务企业由员工制家政服务员提供家政服务取得的收入。

（31）福利彩票、体育彩票的发行收入。

（32）军队空余房产租赁收入。

（33）为了配合国家住房制度改革，企业、行政事业单位按房改成本价、标准价出售住房取得的收入。

（34）土地使用权转让给农业生产者用于农业生产。

（35）涉及家庭财产分割的个人无偿转让不动产、土地使用权。

（36）土地所有者出让土地使用权和土地使用者将土地使用权归还土地所有者。

（37）县级以上地方人民政府或自然资源行政主管部门出让、转让或回收自然资源使用权（不含土地使用权）。

（38）随军家属就业。

（39）军队转业干部就业。

（40）各党派、共青团、工会、妇联、中科协、青联、台联、侨联收取的党费、团费、会费，以及政府间国际组织收取的会费，属于非经营活动，不征收增值税。

（41）青藏铁路公司提供的铁路运输服务免增值税。

（42）中国邮政集团公司以及所属邮政企业提供的邮政普通服务和邮政特殊服务，免征增值税。

（43）自2016年1月1日起，中国邮政集团公司及其所属邮政企业为金融机构代办金融保险业务收取的代理收入，在"营改增"试点期间免征增值税。

（44）中国信贷资管、中国华融资管、中国长城资管、中国东方资管及各分支机构，在收购、承接和处置剩余政策性剥离不良资产和改制银行剥离不良资产过程中开展的符合条件业务，免征增值税。

（45）全国社会保障基金理事会、全国社会保障基金投资管理人运用全国社会保障基金买卖证券投资基金、股票、债券取得的金融商品转让收入，免征增值税。

（46）符合条件的国际航运保险业务免征增值税。

3.5.5.2　增值税即征即退

（1）增值税一般纳税人销售其自行开发生产的软件产品，按16%税率征收增值税后，对其增值税实际税负超过3%的部分实行即征即退政策。

（2）一般纳税人提供管道运输服务，对其增值税实际税负超过3%的部分实行增值税即征即退政策。

（3）经人民银行、银监会或者商务部批准从事融资租赁业务的试点纳税人中的一般纳税人，提供有形动产融资租赁服务和有形动产融资性售后回租服务，对其增值税实际税负超过3%的部分实行增值税即征即退政策。

（4）本规定所称增值税实际税负，是指纳税人当期提供应税服务实际缴纳的增值税额占纳税人当期提供应税服务取得的全部价款和价外费用的比例。

（5）纳税人享受安置残疾人增值税即征即退政策。

（6）增值税的退还。纳税人本期已缴增值税额小于本期应退税额不足退还的，可在本年度内以前纳税期已缴增值税额扣除已退增值税额的余额中退还，仍不足退还的可结转本年度内以后纳税期退还。

3.5.5.3　扣减增值税规定

（1）退役士兵创业就业。

（2）重点群体创业就业。

3.5.5.4　其他规定

（1）金融企业发放贷款后，自结息日90天内发生的应收未收利息按现行规定缴纳增值税，自结息日起90天后发生的应收未收利息暂不缴纳增值税，待实际收到利息时按规定缴纳增值税。

（2）个人将购买不足 2 年的住房对外销售的，按照 5% 的征收率全额缴纳增值税；个人将购买 2 年以上（含 2 年）的住房对外销售的，免征增值税。上述政策适用于北京、上海、广州、深圳之外的地区。

3.6 增值税的申报与缴纳

3.6.1 增值税纳税义务、扣缴义务的发生时间是如何规定的

增值税纳税义务发生时间，是指增值税纳税义务人、扣缴义务人发生应税、扣缴税款行为应承担纳税义务、扣缴义务的时间。这一规定在增值税管理中非常重要，说明纳税义务发生时间一经确定，必须按此时间计算应缴税款。

3.6.1.1 应税销售行为纳税义务发生时间的一般规定

（1）销售货物或者应税劳务，为收讫销售款项或者取得索取销售款项凭据的当天；先开具发票的，为开具发票的当天。

（2）进口货物，为报关进口的当天。

（3）增值税扣缴义务发生时间为纳税人增值税纳税义务发生的当天。

3.6.1.2 应税销售行为纳税义务发生时间的具体规定

销售货物或者提供应税劳务的纳税义务发生时间，按销售结算方式的不同，具体规定如下。

（1）采取直接收款方式销售货物，不论货物是否发出，均为收到销售款或取得索取销售款凭据的当天。纳税人生产经营活动中采取直接收款方式销

售货物，已将货物移送对方并暂估销售收入入账，但既未取得销售款或取得索取销售款凭据也未开具销售发票的，其增值税纳税义务发生时间为取得销售款或取得索取销售款凭据的当天；先开具发票的，为开具发票的当天。

（2）采取托收承付和委托银行收款方式销售货物，为发出货物并办妥托收手续的当天。

（3）采取赊销和分期收款方式销售货物，为书面合同约定收款日期的当天。无书面合同或者书面合同没有约定收款日期的，为货物发出的当天。

（4）采取预收货款方式销售货物，为货物发出的当天。但生产销售、生产工期超过 12 个月的大型机械设备、船舶、飞机等货物，为收到预收款或者书面合同约定的收款日期的当天。

（5）委托其他纳税人代销货物，为收到代销单位销售的代销清单或者收到全部或者部分货款的当天；未收到代销清单及货款的，其纳税义务发生时间为发出代销货物满 180 日的当天。

（6）销售应税劳务，为提供劳务同时收讫销售款或取得索取销售款凭据的当天。

（7）纳税人发生视同销售货物行为，为货物移送的当天。

（8）纳税人提供建筑服务、租赁服务采用预收款方式的，其纳税义务发生的时间为收到预收款的当天。

（9）纳税人从事金融商品转让的，为金融商品所有权转移的当天。

（10）纳税人发生视同销售服务、无形资产或者不动产情形的，其纳税义务发生的时间为服务、无形资产转让完成的当天或者不动产权属变更的当天。

3.6.2 纳税的最后期限是什么

增值税的纳税期限规定为 1 日、3 日、5 日、10 日、15 日、1 个月或者 1 个季度，以 1 个季度为纳税期限的规定适用于小规模纳税人以及财政部和国家税务总局规定的其他纳税人。纳税人的具体纳税期限，由主管税务机关根据纳税人应纳税额的大小分别核定；不能按照固定期限纳税的，可以按次纳税。

"营改增"行业以 1 个季度为纳税期限的规定适用于小规模纳税人、银行、财务公司、信托投资公司、信用社，以及财政部和国家税务总局规定的其他纳税人。不能按照固定期限纳税的，可以按次纳税。

纳税人以 1 个月或者 1 个季度为纳税期的，自期满之日起 15 日内申报纳税；以 1 日、3 日、5 日、10 日或者 15 日为一期纳税的，自期满之日起 5 日内预缴税款，于次月 1 日起 15 日内申报纳税并结清上月应纳税款。

扣缴义务人解缴税款的期限，按照上述规定执行。

3.6.3　如何确定纳税地点

（1）固定业户应当向其机构所在地主管税务机关申报纳税。总机构和分支机构不在同一县（市）的，应当分别向各自所在地主管税务机关申报纳税；经国务院财政、税务主管部门或者其授权的财政、税务机关批准，可以由总机构汇总向总机构所在地主管税务机关申报纳税。

（2）非固定业户销售货物或者提供应税劳务和应税行为，应当向销售地或者劳务和应税行为发生地主管税务机关申报纳税。未向销售地或者劳务和应税行为发生地主管税务机关申报纳税的，由其机构所在地或居住地主管税务机关补征税款。

（3）其他个人提供建筑服务，销售或者租赁不动产，转让自然资源使用权，应向建筑服务发生地、不动产所在地、自然资源所在地主管税务机关申报纳税。

（4）扣缴义务人应当向其机构所在地或者居住地的主管税务机关申报缴纳其扣缴的税款。

3.6.4　申请一般纳税人纳税申报要准备哪些资料

3.6.4.1　纳税申报资料

纳税申报资料包括纳税申报表及其附列资料和纳税申报其他资料。

1.纳税申报表及其附列资料

增值税一般纳税人纳税申报表及其附列资料如下。

（1）"增值税纳税申报表（一般纳税人适用）"。

（2）"增值税纳税申报表附列资料（一）"（本期销售情况明细）。

（3）"增值税纳税申报表附列资料（二）"（本期进项税额明细）。

（4）"增值税纳税申报表附列资料（三）"（服务、不动产和无形资产扣除项目明细）。

一般纳税人销售服务、不动产和无形资产，在确定服务、不动产和无形资产销售额时，按照有关规定可以从取得的全部价款和价外费用中扣除价款的，需填报"增值税纳税申报表附列资料（三）"。其他情况不填写该附列资料。

（5）"增值税纳税申报表附列资料（四）"（税额抵减情况表）。

（6）"增值税纳税申报表附列资料（五）"（不动产分期抵扣计算表）。

（7）"增值税减免税申报明细表"。

2. 纳税申报其他资料

（1）已开具的税控机动车销售统一发票和普通发票的存根联。

（2）符合抵扣条件且在本期申报抵扣的增值税专用发票（含税控机动车销售统一发票）的抵扣联。

（3）符合抵扣条件且在本期申报抵扣的海关进口增值税专用缴款书、购进农产品取得的普通发票的复印件。

（4）符合抵扣条件且在本期申报抵扣的税收完税凭证及其清单，书面合同、付款证明和境外单位的对账单或者发票。

（5）已开具的农产品收购凭证的存根联或报查联。

（6）纳税人销售服务、不动产和无形资产，在确定服务、不动产和无形资产销售额时，按照有关规定从取得的全部价款和价外费用中扣除价款的合法凭证及其清单。

（7）主管税务机关规定的其他资料。

3. 相关要求

纳税申报表及其附列资料为必报资料。纳税申报其他资料的报备要求由各省、自治区、直辖市和计划单列市国家税务局确定。

3.6.4.2 其他资料要求

纳税人跨县（市）提供建筑服务、房地产开发企业预售自行开发的房地产项目、纳税人出租与机构所在地不在同一县（市）的不动产，按规定需要在项目所在地或不动产所在地主管国税机关预缴税款的，需填写"增值税预缴税款表"。

3.6.4.3 增值税纳税申报表的格式

一般纳税人增值税纳税申报表的格式见表3-1。

表3-1 增值税纳税申报表（一般纳税人适用）

根据国家税收法律法规及增值税相关规定制定本表。纳税人不论有无销售额，均应按税务机关核定的纳税期限填写本表，并向当地税务机关申报。

税款所属时间：自 年 月 日至 年 月 日 填表日期： 年 月 日 金额单位：元（列至角分）

纳税人识别号					所属行业：	
纳税人名称	（公章）	法定代表人姓名		注册地址	生产经营地址	
开户银行及账号		登记注册类型			电话号码	
项目		栏次	一般项目		即征即退项目	
			本月数	本年累计	本月数	本年累计
销售额	（一）按适用税率计税销售额	1				
	其中：应税货物销售额	2				
	应税劳务销售额	3				
	纳税检查调整的销售额	4				
	（二）按简易办法计税销售额	5				
	其中：纳税检查调整的销售额	6				

续表

销售额	（三）免、抵、退办法出口销售额	7		—	—
	（四）免税销售额	8		—	—
	其中：免税货物销售额	9		—	—
	免税劳务销售额	10		—	—
税款计算	销项税额	11			
	进项税额	12			
	上期留抵税额	13			—
	进项税额转出	14			
	免、抵、退应退税额	15		—	
	按适用税率计算的纳税检查应补缴税额	16		—	
	应抵扣税额合计	17=12+13−14−15+16	—		—
	实际抵扣税额	18（如17<11，则为17，否则为11）			
	应纳税额	19=11−18			
	期末留抵税额	20=17−18			—
	按简易计税办法计算的应纳税额	21			
	按简易计税办法计算的纳税检查应补缴税额	22		—	
	应纳税额减征额	23			
	应纳税额合计	24=19+21−23			
税款缴纳	期初未缴税额（多缴为负数）	25			
	实收出口开具专用缴款书退税额	26		—	—
	本期已缴税额	27=28+29+30+31			

续表

税款缴纳	①分次预缴税额	28		—	—
	②出口开具专用缴款书预缴税额	29		—	—
	③本期缴纳上期应纳税额	30			
税款缴纳	④本期缴纳欠缴税额	31			
	期末未缴税额（多缴为负数）	32=24+25+26−27			
	其中：欠缴税额（≥0）	33=25+26−27		—	—
	本期应补（退）税额	34=24−28−29		—	—
	即征即退实际退税额	35	—	—	
	期初未缴查补税额	36			—	—
	本期入库查补税额	37			—	—
	期末未缴查补税额	38=16+22+36−37			—	—
授权声明	如果你已委托代理人申报，请填写下列资料： 　为代理一切税务事宜，现授权 （地址）　　　　　　　　　　为本纳税人的代理申报人，任何与本申报表有关的往来文件，都可寄予此人。 　授权人签字：		申报人声明	本纳税申报表是根据国家税收法律法规及相关规定填报的，我确定它是真实的、可靠的、完整的。 　声明人签字：	

3.6.5 小规模纳税人的增值税纳税申报表如何填报

纳税申报表及其附列资料为必报资料。纳税申报其他资料的报备要求由各省、自治区、直辖市和计划单列市国家税务局确定。具体要求如下。

3.6.5.1 纳税申报材料

1.增值税小规模纳税人（以下简称小规模纳税人）纳税申报表及其附列资料

（1）"增值税纳税申报表（小规模纳税人适用）"。

（2）"增值税纳税申报表（小规模纳税人适用）附列资料"。

小规模纳税人销售服务，在确定服务销售额时，按照有关规定可以从取得的全部价款和价外费用中扣除价款的，需填报"增值税纳税申报表（小规模纳税人适用）附列资料"。其他情况不填写该附列资料。

（3）"增值税减免税申报明细表"。

2.纳税申报其他资料

（1）已开具的税控机动车销售统一发票和普通发票的存根联。

（2）符合抵扣条件且在本期申报抵扣的增值税专用发票（含税控机动车销售统一发票）的抵扣联。

（3）符合抵扣条件且在本期申报抵扣的海关进口增值税专用缴款书、购进农产品取得的普通发票的复印件。

（4）符合抵扣条件且在本期申报抵扣的税收完税凭证及其清单，书面合同、付款证明和境外单位的对账单或者发票。

（5）已开具的农产品收购凭证的存根联或报查联。

（6）纳税人销售服务、不动产和无形资产，在确定服务、不动产和无形资产销售额时，按照有关规定从取得的全部价款和价外费用中扣除价款的合法凭证及其清单。

（7）主管税务机关规定的其他资料。

3.6.5.2 增值税纳税申报表的格式

小规模纳税人增值税纳税申报表的格式见表3-2。

表3-2　增值税纳税申报表（适用小规模纳税人）

纳税人识别号：□□□□□□□□□□□□□□□□□□□

纳税人名称（公章）：　　　　　　　　　　　　　　　金额单位：元（列至角分）

税款所属期：　年　月　日至　年　月　日　　　　　　填表日期：　年　月　日

	项目	栏次	本期数	本年累计
一、计税依据	（一）应征增值税不含税销售额	1		
	其中：税务机关代开的增值税专用发票不含税销售额	2		
	税控器具开具的普通发票不含税销售额	3		
	（二）销售使用过的应税固定资产不含税销售额	4	—	—
	其中：税控器具开具的普通发票不含税销售额	5	—	—
	（三）免税货物及劳务销售额	6		
	其中：税控器具开具的普通发票销售额	7		
	（四）出口免税货物销售额	8		
	其中：税控器具开具的普通发票销售额	9		
二、税款计算	本期应纳税额	10		
	本期应纳税额减征额	11		
	应纳税额合计	12=10-11		
	本期预缴税额	13		—
	本期应补（退）税额	14=12-13		—

纳税人或代理人声明：此纳税申报表是根据国家税收法律的规定填报的，我确定它是真实的、可靠的、完整的。	如纳税人填报，由纳税人填写以下各栏：	
	办税人员（签章）：　　　　　财务负责人（签章）： 法定代表人（签章）：　　　　联系电话：	
	如委托代理人填报，由代理人填写以下各栏：	
	代理人名称：　　　　　　　　经办人（签章）： 联系电话：　　　　　　　　　代理人（公章）：	

受理人：　　　　　　　　受理日期：　　　　　　　　受理税务机关（签章）：

4 消费税
——你知道有哪些特殊消费品要交税

● **全章概览**

在不少人眼里，消费税已经带上某种惩罚富裕群体的色彩：因为你奢侈，因为你消费某种东西，而大多数人消费不起那样东西，所以，你就该比普通人要多交税。细观消费税的税目，还真有调节收入分配的味道。

消费税是在对货物普遍征收增值税的基础上，选择少数消费品再征收的一个税种，主要是为了调节产品结构，引导消费方向，保证国家财政收入。对于消费税，我们可能并没有深入的了解，下面就让我们进一步地了解消费税。

4.1 消费税基础知识

消费税的概念与特点如图 4-1 所示。

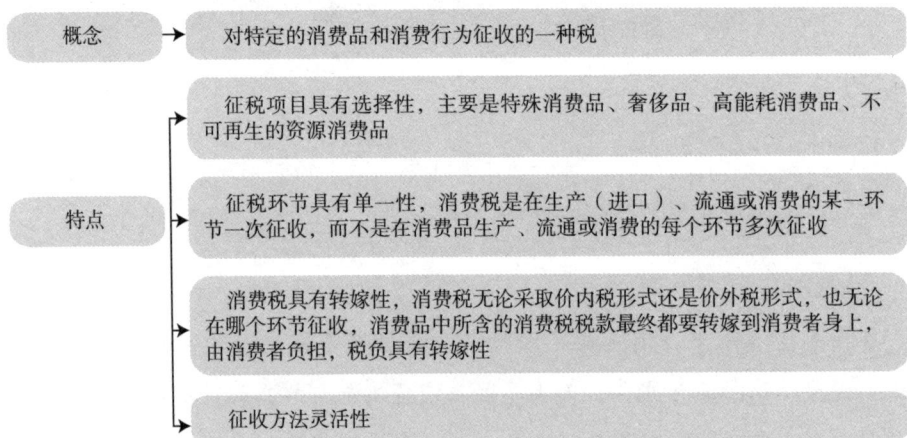

图4-1 消费税的概念与特点

4.2 消费税的纳税义务人和纳税范围

4.2.1 哪些人是消费税的纳税义务人

根据《消费税暂行条例》的规定，在中华人民共和国境内生产、委托加工和进口本条例规定的消费品的单位和个人，以及国务院确定的销售本条例规定的消费品的其他单位和个人，为消费税的纳税人，具体来说，消费税纳税人包括以下情况（图4-2）。

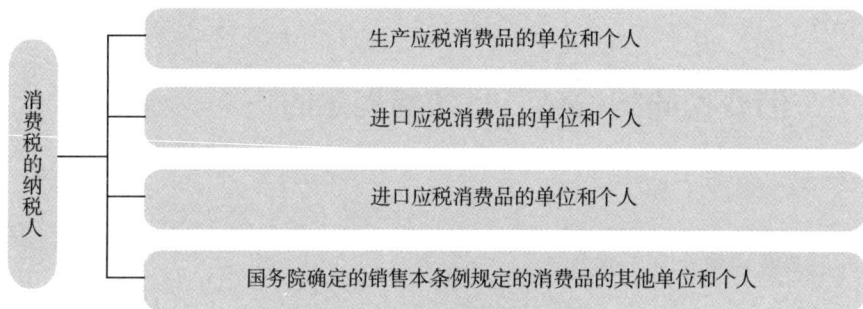

图4-2 消费税的纳税人

4.2.2 消费税的征税范围是如何规定

消费税的征税范围有三个方面，即在中华人民共和国境内生产、委托加工和进口《消费税暂行条例》规定的消费品的行为。消费税和增值税最大的一个不同点就是，它只对全部商品的一部分征收，通过选择征收范围，消费税可表现出很强的灵活性和导向作用。这些应该缴纳消费税的商品主要是一些奢侈品、资源类商品，和过度消费对社会具有一定危害的商品。按照性质不同来划分，这些消费品可分为以下四类（图4-3）。

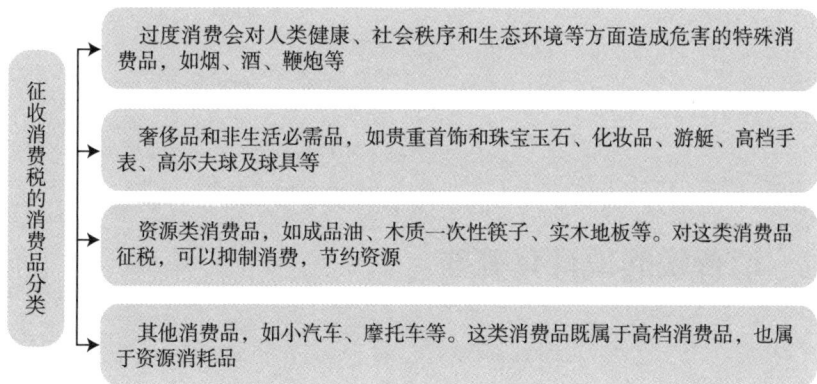

图4-3 征收消费税的消费品分类

4.3　消费税的纳税环节是如何规定的

消费税在哪个环节缴纳？

纳税环节是指税法上规定的课税对象从生产到消费的流转过程中应当缴纳税款的环节。同增值税不同的是，消费税一般（除过委托加工、购入应纳消费税的消费品生产应税消费品）只需要在一个环节进行征收，而不是层层课征（图4-4）。

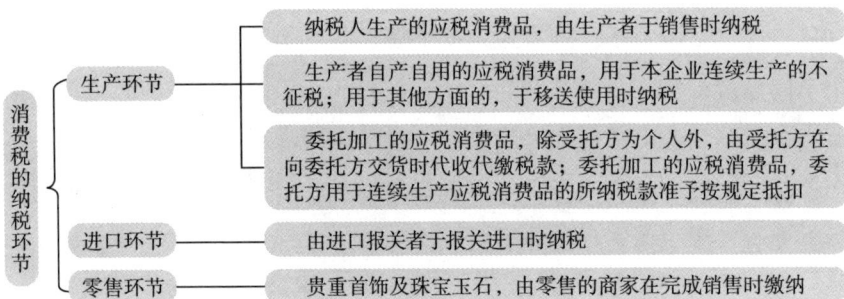

图4-4　消费税的纳税环节

4.4　消费税的税目有哪些

根据《消费税暂行条例》第二条所附的"消费税税目税率表"，现行消费税共有 14 个税目（图4-5）。其中，部分税目还规定了若干子税目。

消费税的税目

（1）烟：指以烟叶为原料加工生产的烟叶、烟丝、卷烟

（2）酒及酒精：包括粮食白酒、薯类白酒、黄酒、啤酒和其他酒

（3）化妆品：包括各类美容、修饰类化妆品、高档护肤类化妆品和成套化妆品

（4）贵重首饰及珠宝玉石：包括各种金银珠宝首饰和经采掘、打磨、加工的各种珠宝玉石

（5）鞭炮、焰火

（6）成品油：包括汽油、柴油、石脑油、溶剂油、航空煤油、润滑油、燃料油七个子目

（7）汽车轮胎：指用于各种汽车、挂车、专用车和其他机动车上的内、外胎

（8）摩托车：包括二轮摩托车、三轮摩托车和轻便摩托车等

（9）小汽车：指由动力驱动，具有四个或四个以上车轮的非轨道承载的车辆

（10）高尔夫球及球具:包括高尔夫球、高尔夫球杆、高尔夫球包（袋）

（11）高档手表:指销售价格（不含增值税）每只在10000元（含）以上的各类手表

（12）游艇:包括艇身长度大于8米（含）小于90米（含），内置发动机，可以在水上移动，一般为私人或团体购置，主要用于水上运动和休闲娱乐等非牟利活动的各类机动艇

（13）木制一次性筷子：包括各种规格的木制一次性筷子

（14）实木地板：包括各类规格的实木地板、实木复合地板及用于装饰墙壁、天棚的侧端面为榫、槽的实木装饰板

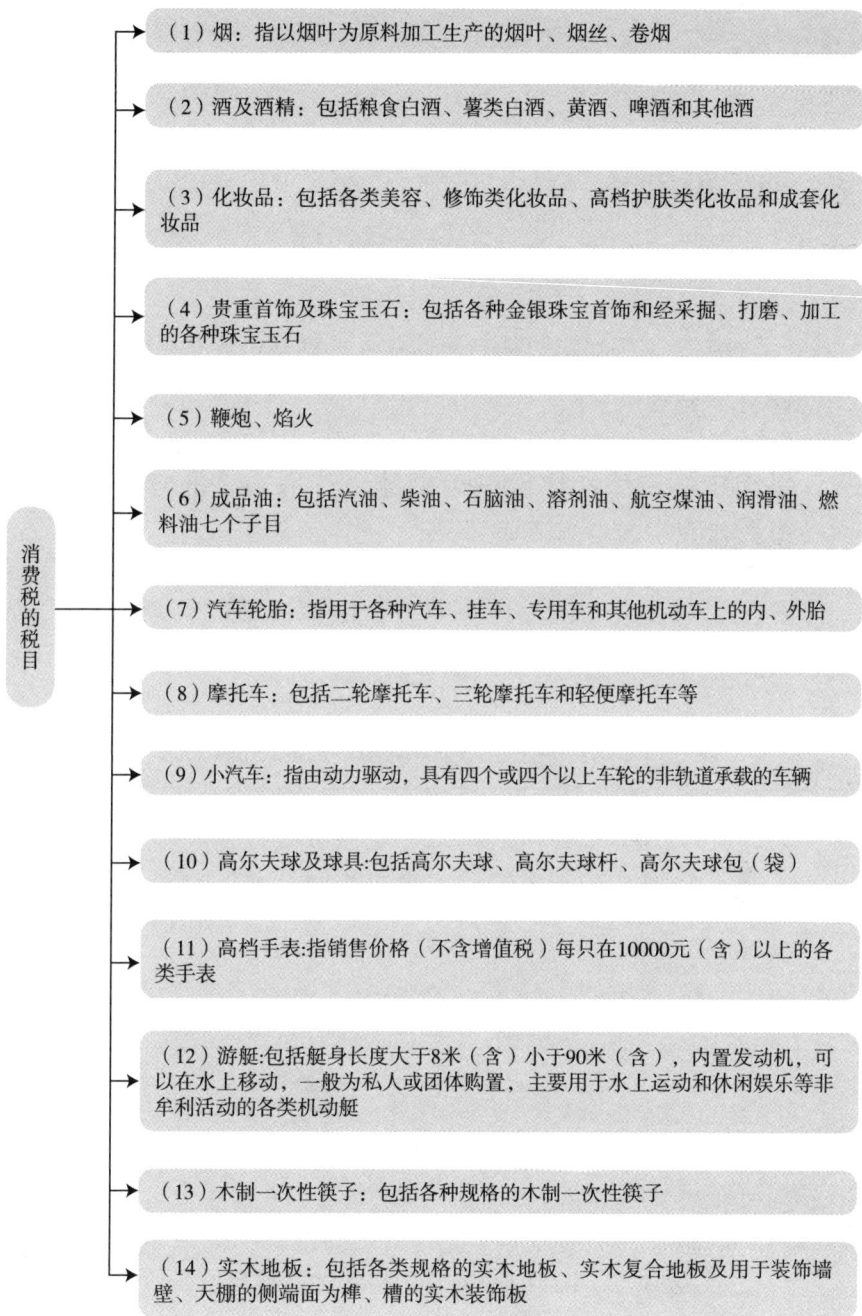

图4-5　消费税的税目

4.5 消费税税率

现行消费税税率的规定包括三种形式，分别是定额与比例相结合的税率、比例税率、定额税率。

4.5.1 采用定额税率和比例税率相结合计税方法的应税消费品及税率规定

实行这一计税方法的应税消费品只有卷烟和粮食白酒、薯类白酒等三个大类，具体的规定见表4-1。

表4-1 采用混合计税方法的应税消费品及税率

	定额税率	比例税率
卷烟	每标准箱（50000支）150元	每标准条（200支）对外调拨价格在50元以上（含50元）的，税率为45%
		每标准条（200支）对外调拨价格在50元以下的，税率为30%
粮食白酒	每斤（500克）0.5元	20%
薯类白酒	每斤（500克）0.5元	20%

4.5.2 采用比例税率的应税消费品及税率规定

采用比例税率的应税消费品及税率规定详见表4-2。

表4-2 采用比例税率的应税消费品及税率

一、烟类		
1.雪茄烟	25%	
2.烟丝	30%	

二、酒及酒精		
1. 其他酒（除白酒外）	10%	
2. 酒精	5%	
三、化妆品	30%	
四、贵重首饰及珠宝玉石		
1. 金银首饰、铂金首饰、钻石及钻石饰品	5%	
2. 其他贵重首饰及珠宝玉石	10%	
五、鞭炮、焰火	15%	
六、汽车轮胎	3%	
七、摩托车		
	3%	气缸容量 ≤ 250 毫升
	10%	气缸容量 >250 毫升
八、高尔夫球及球具	10%	
九、高档手表	20%	
十、游艇	10%	
十一、木制一次性筷子	5%	
十二、实木地板	5%	
十三、小汽车		
1. 乘用车		
	1%	气缸容量 ≤ 1.0 升
	3%	1.0< 气缸容量 ≤ 1.5 升
	5%	1.5 升< 气缸容量 ≤ 2 升
	9%	2 升< 气缸容量 ≤ 2.5 升
	12%	2.5 升< 气缸容量 ≤ 3 升
	25%	3 升< 气缸容量 ≤ 4 升
	40%	4 升< 气缸容量
2. 中轻型商用客车	5%	

注：（1）子午线轮胎免征消费税。

（2）根据规定：经国务院批准，金银首饰消费税由 10% 的税率减按 5% 的税率征收。减按 5% 征收消费税的范围仅限于金、银和金基、银基合金首饰，以及金、银和金基、银基合金的镶嵌首饰。不在上述范围内的应税首饰仍按 10% 的税率征收消费税。

4.5.3 采用定额税率的应税消费品及税额规定

采用定额税率的应税消费品及税率详见表4-3。

表4-3 采用定额税率的应税消费品及税率

子税目	类别	定额税率	备注
黄酒		240 元 / 吨	1 吨 =962 升
啤酒	3000 元 / 吨以下的（不含增值税）	220 元 / 吨	1 吨 =988 升
	3000 元 / 吨以上的（不含增值税）	250 元 / 吨	1 吨 =988 升
汽油	含铅汽油	1.4 元 / 升	1 吨 =1388 升
	无铅汽油	1 元 / 升	1 吨 =1388 升
柴油		0.8 元 / 升	1 吨 =1176 升
石脑油		1 元 / 升	1 吨 =1385 升
溶剂油		1 元 / 升	1 吨 =1282 升
润滑油		1 元 / 升	1 吨 =1126 升
燃料油		0.8 元 / 升	1 吨 =1015 升
航空煤油		0.8 元 / 升	1 吨 =1246 升

注：（1）自 2009 年 1 月 1 日起对进口石脑油恢复征收消费税。

（2）对航空煤油暂缓征收消费税。

（3）2009 年 1 月 1 日至 2010 年 12 月 31 日，对国产的用作乙烯、芳烃类产品原料的石脑油免征消费税，生产企业直接对外销售的不作为乙烯、芳烃类产品原料的石脑油应按规定征收消费税；对进口的用作乙烯、芳烃类产品原料的石脑油已缴纳的消费税予以返还。

4.5.4 消费税税率有哪些特殊规定

《消费税暂行条例》中对兼营不同税率应税消费品，既销售金银首饰，又销售非金银首饰的生产、经营单位适用税率做了明确规定，详见图 4-6。

兼营情况下确定税率的步骤

> 纳税人兼营不同税率的应税消费品（生产销售两种税率以上的应税消费品）

> 分别核算不同税率应税消费品的销售额或销售数量

> 未分别核算的，按最高税率征税

> 纳税人将应税消费品与非应税消费品，以及适用税率不同的应税消费品组成成套消费品销售的

> 根据组合产制品的销售金额按应税消费品中适用最高税率的消费品税率征税

既销售金银首饰，又销售非金银首饰情况下税率的确定

> 既销售金银首饰，又销售非金银首饰的生产、经营单位

> 应将两类商品划分清楚，分别核算销售额

> 凡划分不清楚或不能分别核算的，在生产环节销售的，一律从高适用税率征收消费税；在零售环节销售的，一律按金银首饰征收消费税

> 金银首饰与其他产品组成成套消费品销售的

> 应按销售额全额征收消费税

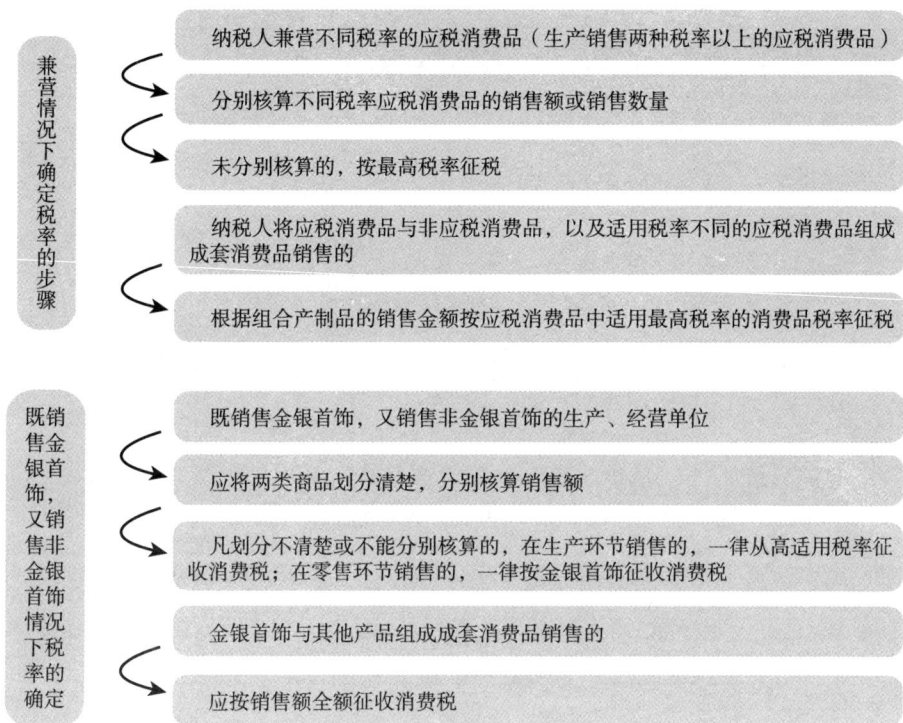

图4-6　消费税税率的特殊规定

4.6　如何计算消费税

4.6.1　消费税的计算方法

国家在确定消费税的计税依据时，主要从应税消费品的价格变化情况和便于征纳等角度出发，分别采用从价、从量、同时从价从量三种计税办法（表4-4）。

表4-4 消费税计算的方法

计算方法	适用税目	计算公式
从量定额	黄酒、啤酒、汽油、柴油等	应纳税额÷应税消费品数量÷消费税单位税额
从量定额和从价定率相结合	卷烟、粮食白酒、薯类白酒	应纳税额÷销售数量÷定额税率÷销售额÷比例税率
从价定率		应纳税额÷应税消费品的销售额÷适用税率

案例分析4-1：从价定率和从量定额复合计算

某白酒生产企业为增值税一般纳税人，8月份销售粮食白酒50吨，取得不含增值税的销售额150万元。计算白酒企业8月应缴纳的消费税额。

(1) 白酒适用比例税率20%，定额税率每500克0.5元。

(2) 应纳税额=50×2000×0.00005+150×20%=35（万元）

4.6.2 应税销售行为的确定

应作销售或视同销售行为详见图4-7。

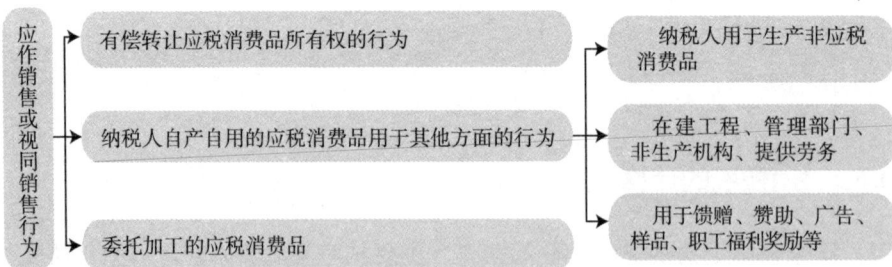

图4-7 应作销售或视同销售行为

4.6.3 在从价定率计征办法下，应税消费品的销售额如何确定

在从价定率计征办法下，纳税人生产销售应税消费品的，以应税消费品的销售额为计税依据。应税消费品的销售额包括销售应税消费品从购买方收取的全部价款和价外费用。所谓"价外费用"，是指：价外收取的基金、集资款、返还利润；补贴、违约金（延期付款利息）和手续费、包装费、储备费、优质费、运输装卸费、品牌使用费、代收款项、代垫款项以及其他各种性质的价外收费。但"销售额"不包括应向购买方收取的增值税税额。应税消费品销售额的确定详见图4-8。

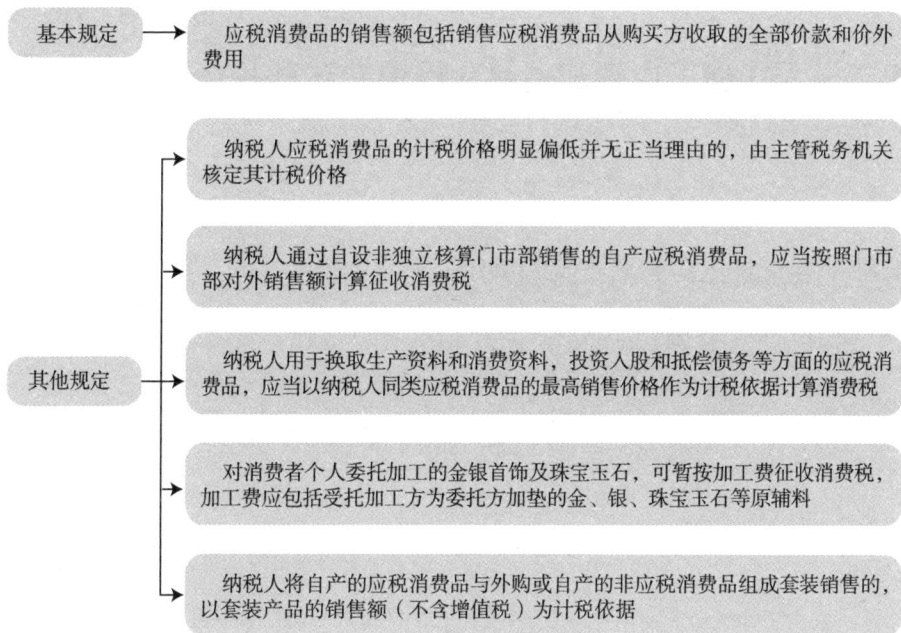

基本规定 → 应税消费品的销售额包括销售应税消费品从购买方收取的全部价款和价外费用

其他规定

→ 纳税人应税消费品的计税价格明显偏低并无正当理由的，由主管税务机关核定其计税价格

→ 纳税人通过自设非独立核算门市部销售的自产应税消费品，应当按照门市部对外销售额计算征收消费税

→ 纳税人用于换取生产资料和消费资料，投资入股和抵偿债务等方面的应税消费品，应当以纳税人同类应税消费品的最高销售价格作为计税依据计算消费税

→ 对消费者个人委托加工的金银首饰及珠宝玉石，可暂按加工费征收消费税，加工费应包括受托加工方为委托方加垫的金、银、珠宝玉石等原辅料

→ 纳税人将自产的应税消费品与外购或自产的非应税消费品组成套装销售的，以套装产品的销售额（不含增值税）为计税依据

图4-8 应税消费品销售额的确定

4.6.4 在从量定额计征办法下，应税消费品销售数量如何确定

在从量定额计征办法下，消费税以应税消费品的销售数量为计税依据（图4-9）。

销售数量是指应税消费品的数量，具体为：

销售应税消费品	→	应税消费品的销售数量
自产自用应税消费品	→	应税消费品的移送使用数量
委托加工应税消费品	→	纳税人收回的应税消费品数量
进口的应税消费品	→	海关核定的应税消费品进口征税数量

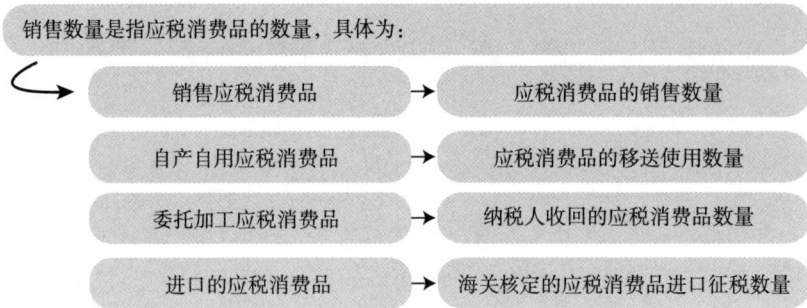

图4-9　定额税率情况下的计税依据

4.7　委托加工应税消费品应纳消费税的税务处理

4.7.1　委托加工应税消费品的确定

委托加工应税消费品的确定见表4-5。

表4-5　委托加工应税消费品的确定

委托加工应税消费品	概念：由委托方提供原料和主要材料，受托方只收取加工费和代垫部分辅助材料加工的应税消费品	
	右侧三种情况不论纳税人在财务上是否做销售处理，都不得作为委托加工应税消费品，而应当按照销售自制应税消费品缴纳消费税	由受托方提供原材料生产的应税消费品
		受托方先将原材料卖给委托方，然后再接受加工的应税消费品
		由受托方以委托方名义购进原材料生产的应税消费品

4.7.2 委托加工应税消费品如何缴纳消费税

根据《消费税暂行条例》和《消费税实施细则》的规定，委托加工的应税消费品，除受托方为个人外，由受托方在向委托方交货时代收代缴税款。委托加工的应税消费品，委托方用于连续生产应税消费品的，所纳税款准予按规定抵扣。委托加工的应税消费品直接出售的，不再缴纳消费税。委托个人加工的应税消费品，由委托方收回后缴纳消费税。

4.7.3 委托加工应税消费品应纳消费税的计算

根据《消费税暂行条例》的规定，委托加工的应税消费品按照受托方的同类消费品的销售价格计算纳税；没有同类消费品销售价格的，按照组成计税价格计算纳税（图4-10）。对于委托加工的应税消费品，受托方在交货时已代收代缴消费税，委托方收回后直接销售的，不再征收消费税。

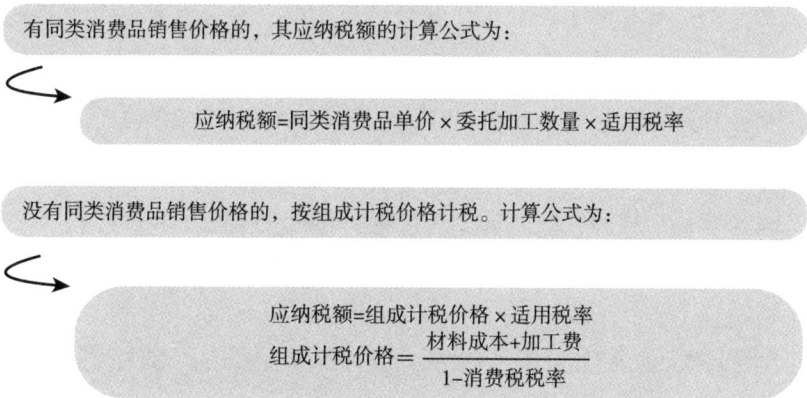

> 有同类消费品销售价格的，其应纳税额的计算公式为：
>
> 应纳税额=同类消费品单价×委托加工数量×适用税率
>
> 没有同类消费品销售价格的，按组成计税价格计税。计算公式为：
>
> 应纳税额=组成计税价格×适用税率
> $$组成计税价格=\frac{材料成本+加工费}{1-消费税税率}$$

图4-10 委托加工应税消费品应纳消费税的计算

案例分析4-2：委托加工应税消费品组成计税价格的计算

某汽车厂委托橡胶厂加工专用轮胎50套，橡胶由汽车厂提供，共100千克，每套轮胎材料成本180元，橡胶厂加工一套轮胎的加工费为

70 元，代垫辅料 30 元，汽车厂已经提货。橡胶厂没有同类产品销售价格。计算橡胶厂代扣代缴轮胎消费税的组成计税价格。汽车轮胎的消费税税率为 3%。

$$每套轮胎组成计税价格 = （材料成本 + 加工费）÷（1- 比例税率）$$

$$= （180+70+30）÷（1-3\%）$$

$$= 288.66 （元）$$

$$该批轮胎组成计税价格 =288.66 × 50=14433 （元）$$

案例分析 4-3：委托加工应税消费品代扣代缴税额的计算

新大卷烟厂委托瑞华卷烟厂加工烟丝一批，发出烟叶成本 30000 元，支付对方加工费及辅助材料款共计 2500 元，取得对方开具的增值税专用发票，注明加工费及辅助材料款 2500 元，增值税 325 元，新大卷烟厂当月无烟丝的销售价格，烟丝消费税税率为 30%。计算该批烟丝应纳的消费税。

$$烟丝计算消费税的计税依据 = （30000+2500）÷（1-30\%）$$

$$=46428.57 （元）$$

$$瑞华卷烟厂代扣代缴的消费税税额 = 46428.57 × 30\%=13928.57 （元）$$

4.7.4 用外购或委托加工收回应税消费品连续生产应税消费品如何计算消费税

由于某些应税消费品是用已缴纳消费税的应税消费品连续生产出来的，在对这些连续生产出来的应税消费品计算征税时，应当从生产的应税消费品的应纳税额中扣除其已纳消费税，准予扣除的消费税税额为按当期领用数量计算的已纳消费税税款（图 4-11）。

（1）外购或委托加工收回的已税烟丝为原料生产的卷烟

（2）外购或委托加工收回的已税化妆品为原料生产的化妆品

（3）外购或委托加工收回已税珠宝玉石为原料生产的贵重首饰及珠宝玉石

（4）外购或委托加工收回已税鞭炮、焰火为原料生产的鞭炮、焰火

（5）外购或委托加工的已税汽车轮胎（内胎或外胎）连续生产的汽车轮胎

（6）外购或委托加工的已税摩托车连续生产的摩托车

（7）外购或委托加工收回的已税杆头、杆身和握把为原料生产的高尔夫球杆

（8）外购或委托加工收回的已税木制一次性筷子为原料生产的木制一次性筷子

（9）外购或委托加工收回的已税实木地板为原料生产的实木地板

（10）以外购或委托加工收回的已税石脑油为原料生产的应税消费品

（11）以外购或委托加工收回的已税润滑油为原料生产的润滑油

（12）以外购或委托加工收回的汽油、柴油用于连续生产甲醇汽油、生物柴油

外购或委托加工的应税消费品已纳的消费税税款的扣除范围

图4-11　外购或委托加工的应税消费品已纳的消费税税款的扣除范围

除过以上规定，还有以下两点需要注意。

（1）从2001年5月1日起，停止执行生产领用外购酒和酒精已纳消费税税款准予抵扣的政策。2001年5月1日以前购进的已税酒及酒精，已纳消费税税款没有抵扣完的一律停止抵扣。

（2）另外，纳税人用外购的已税珠宝玉石生产的改在零售环节征收消费

税的金银首饰（镶嵌首饰）、钻石首饰，在计税时，一律不得扣除外购珠宝玉石的已纳税款。

上述当期准予扣除外购应税消费品已纳消费税税款的计算公式为：

$$\text{当期准予扣除的外购应税消费品已纳税额} = \text{当期准予扣除的外购应税消费品买价} \times \text{外购应税消费品适用税率}$$

$$\text{当期准予扣除的外购应税消费品买价} = \text{期初库存的外购应税消费品买价} + \text{当期购进的外购应税消费品买价} - \text{期末库存的外购应税消费品买价}$$

上述当期准予扣除委托加工应税消费品已纳消费税税款的计算公式为：

$$\text{当期准予扣除的委托加工应税消费品已纳税款} = \text{期初库存的委托加工应税消费品已纳税款} + \text{当期收回的委托加工应税消费品已纳税款} - \text{期末库存的委托加工应税消费品已纳税款}$$

案例分析 4-4：外购或委托加工应税消费品应纳消费税计算实例

万里润滑油厂长期委托他人生产矿物性润滑油基础油，利用基础油生产某品牌润滑油。2019 年 1 月份期初库存基础油 3000 升，本期收回基础油 130000 升，期末库存基础油 5000 升，保存了受托方开具的代扣代缴税款凭证（对方按消费税规定每升代扣 1 元消费税）。当月销售品牌润滑油 200000 升。计算该厂当月应纳消费税。

（1）当月准予扣除的外购基础油数量 =3000+130000 −5000 =128000（升）

（2）当月准予扣除的外购基础油已纳消费税 =128000×1=128000（元）

（3）当月应纳消费税 =200000×1−128000=72000（元）

4.8 如何计算进口商品的消费税

4.8.1 进口应税消费品的基本规定

根据《消费税暂行条例》及实施细则等有关规定，进口应税消费品的有关规定见表4-6。

表4-6 进口应税消费品的基本规定

纳税义务人	进口或代理进口应税消费品的单位和个人	
课税对象	进口商品总值	到岸价格
		关税
		消费税
税率	依照"消费税税目税率（税额）表"执行	
其他规定	进口的应税消费品，于报关进口时缴纳消费税	
	进口的应税消费品的消费税由海关代征	
	进口的应税消费品，由进口人或者其代理人向报关地海关申报纳税	
	纳税人进口应税消费品，应当自海关填发税款缴纳书的次日起14日内缴纳税款	

4.8.2 进口应税消费品应纳税额的计算

根据《消费税暂行条例》第8条的规定，进口的应税消费品，按照组成计税价格计算纳税。依照消费税的税率不同，在进口环节，应税消费品应纳消费税额的计算也分为三种情况，详见图4-12。

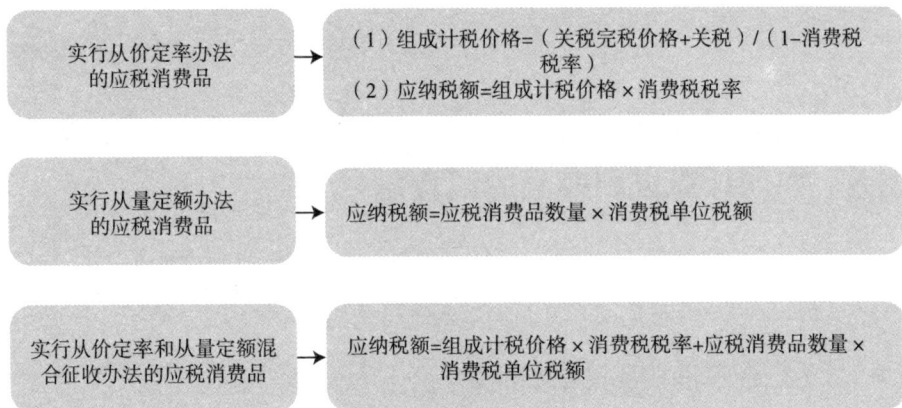

图4-12 消费税的计算

案例分析4-5：进口应税消费品应纳税额的计算

> 某外贸公司2019年3月从国外进口一批应税消费品，已知该批应税消费品的关税完税价格为90万元，按规定应缴纳关税18万元，假定进口的应税消费品的消费税税率为10%。进口环节应缴纳的消费税为：
>
> （1）组成计税价格=（90+18）÷（1-10%）=120（万元）
>
> （2）应纳消费税额=120×10%=12（万元）
>
> 本案例中所称"关税完税价格"，是指海关核定的关税计税价格。

4.9 如何缴纳消费税

4.9.1 消费税的纳税义务发生时间如何规定

根据消费品转出的形式不同，消费税纳税义务发生时间也是不同的，详见图4-13。

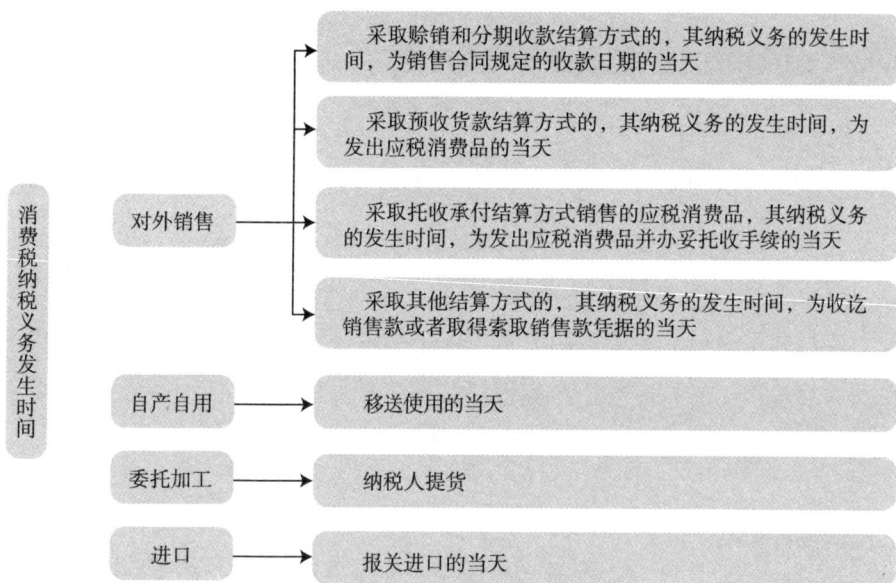

图4-13　消费税纳税义务发生时间

4.9.2　消费税的纳税期限是怎样规定的

纳税期限是指税法规定的在缴纳税款的时间方面的规范。消费税的纳税期限分别为1日、3日、5日、10日、15日、1个月或者1个季度。纳税人的具体纳税期限，由主管税务机关根据纳税人应纳税额的大小分别核定，不能按照固定期限纳税，可以按次纳税。图4-14是对消费税纳税期限的具体规定。

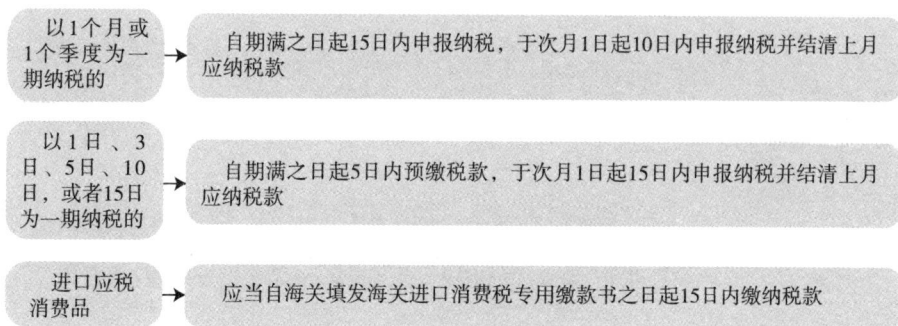

图4-14　消费税纳税期限的规定

4.9.3 消费税的纳税地点是如何规定的

纳税地点是纳税人申报缴纳税款的具体地点。明确纳税地点，有利于纳税人依法履行纳税义务，有利于税务机关搞好征管工作。就一般情况而言，消费税的纳税地点应与应税行为的发生地及纳税环节相一致。

纳税人销售的应税消费品及自产自用的应税消费品，除国家另有规定外，应当向纳税核算地主管税务机关申报纳税。纳税人总机构和分支机构不在同一县（市）的，应在生产应税消费品的分支机构所在地申报纳税。对于一些特殊的情况，消费税法规也给予了明确的规定，见图4-15。

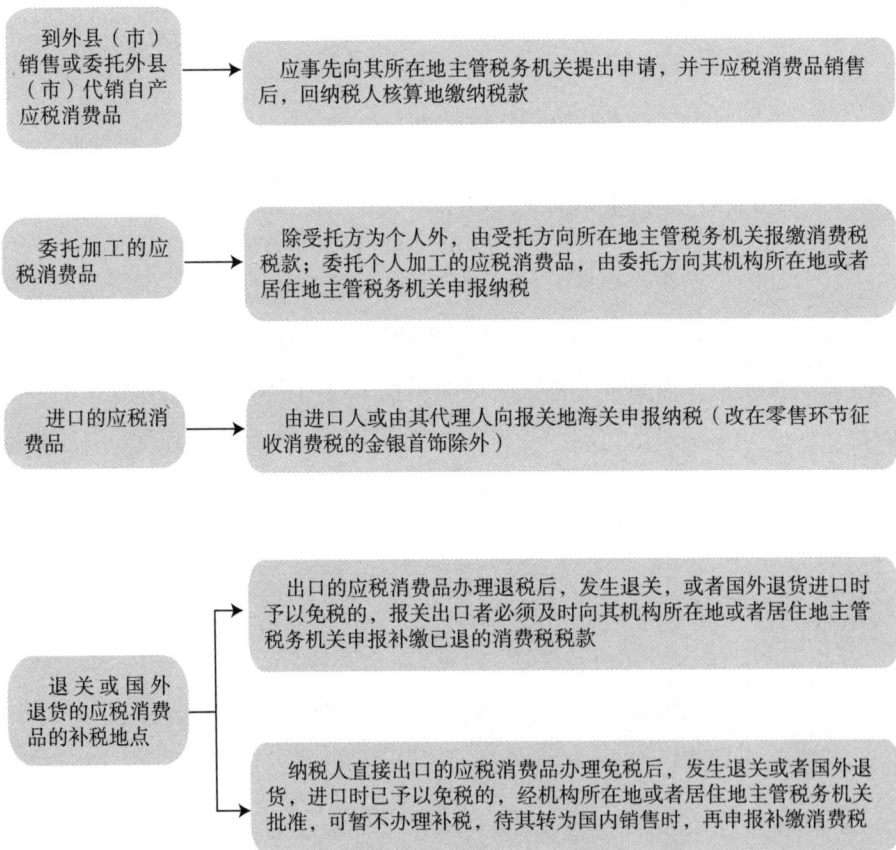

图4-15 消费税纳税地点的规定

4.9.4 如何填报消费税的纳税申报表

消费税纳税申报表详见表4-7。

表4-7 消费税纳税申报表

消费税纳税申报表

税款所属时间：自 年 月 日至 年 月 日　　　填表日期：　年 月 日

| 纳税人识别号 | | | | 金额单位： 元 角 分 | | |

纳税人名称		法定代表人姓名		营业地址		
开户银行及账号		经济性质		经济类型	电话号码	

本期消费税额	项目　　应税消费品名称	适用税目	应税销售额（数量）	适用税率（单位税额）	消费税额
			1	2	3=1+2
	合计	—	—	—	

本期抵扣税额	项目　　应税消费品名称	本月领用用于生产应税消费品的买价	受托方代扣消费税的计税价格	适用税率	代扣代缴凭证号	抵扣税额
		4	5	6	7	8=4（5）+6
	外购应税消费品		—		—	
			—		—	
			—		—	
	小计		—		—	
	委托加工收回的应税消费品	—				
		—				
		—				
	小计	—				
	合计			—	—	

续表

	税额项目		本月数	累计数
税款计算	应税销售额（数量）	9=1	—	—
	消费税额合计	10=3		
	应抵扣税额合计	11		
	代扣代缴税款	12	—	—
	应纳消费税	13=10−11+12		
	已纳消费税	14		
	其中：1. 上期结算税金	15		—
	2. 补交本年度欠税	16		
	3. 补交以前年度欠税	17		
	应补（退、抵）消费税	18=13−14+15+16+17		—
	截至上年累计欠税额	19	—	
	本年度新增欠税额	20		
委托代理申报填写本栏			纳税人自行申报填写本栏	
代理人名称： 代理人地址： 代理人电话：	代理人 （签章）		会计主管（签章）　经办人（签章）　纳税人（签章）	

以下由税务机关填写

收到日期		接收人		审核日期		主管税务机关盖章：
审核记录						接收人签字：

5 城市维护建设税与教育费附加
——税种虽小，"五脏俱全"

　　企业在经营的过程中应承担社会责任已成为大家的一个共识了，比如说提供就业机会、资助社会公益事业、保护生态环境、支持社会保障体系等等。本章我们要谈的是城市维护建设税与教育费附加，乍一听有点履行社会责任的味道，不过是以税收的形式出现的。

　　通过本章的学习我们将深入地了解到城市维护建设税与教育费附加是什么性质的税，又是怎样计算的，让我们赶紧往下看吧。

5.1 认识城市维护建设税

什么是城市维护建设税，它具有什么特点？

城市维护建设税是对从事工商经营，缴纳消费税、增值税的单位和个人征收的一种税。城市维护建设税是一种具有受益性质的行为税，与其他税收相比较，其特点有所不同，详见图5-1。

城市维护建设税：指对从事工商经营，缴纳消费税、增值税的单位和个人征收的一种税，该税种获得的收入主要用于征收地的城市建设。

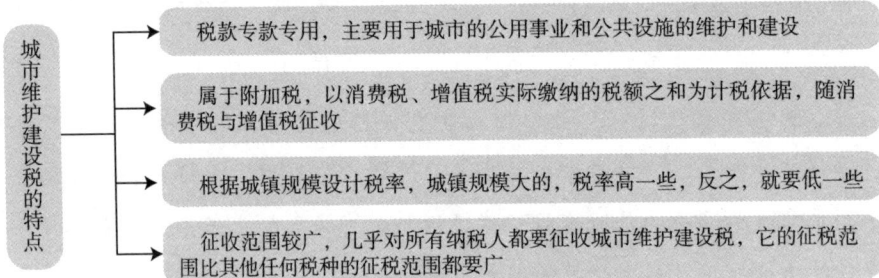

城市维护建设税的特点
- 税款专款专用，主要用于城市的公用事业和公共设施的维护和建设
- 属于附加税，以消费税、增值税实际缴纳的税额之和为计税依据，随消费税与增值税征收
- 根据城镇规模设计税率，城镇规模大的，税率高一些，反之，就要低一些
- 征收范围较广，几乎对所有纳税人都要征收城市维护建设税，它的征税范围比其他任何税种的征税范围都要广

图5-1 城市维护建设税的概念与特点

5.2 城市维护建设税的征税范围和纳税人

哪些人需要缴纳城市维护建设税？

城市维护建设税的征税范围比较广，具体包括城市、县城、建制镇，以及税法规定征收增值税与消费税的其他地区。城市、县城、建制镇的范围，应根

据行政区划作为划分标准，不能随意扩大或缩小各自行政区域的管辖范围。

城市维护建设税的纳税人是在征税范围内从事工商经营，并缴纳消费税、增值税的单位和个人。为了更好地理解城市维护建设税的征收范围，请注意以下三点细节要求（图5-2）。

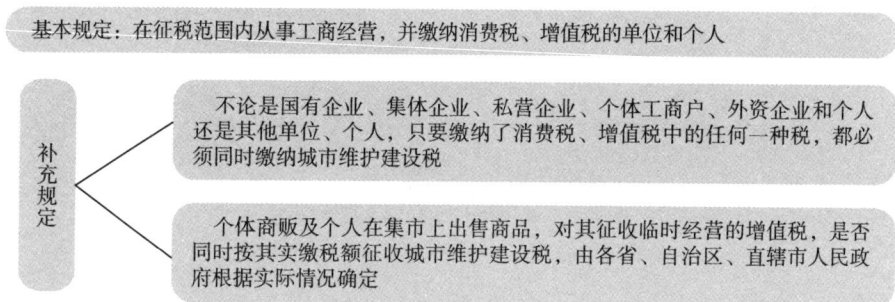

基本规定：在征税范围内从事工商经营，并缴纳消费税、增值税的单位和个人

补充规定

不论是国有企业、集体企业、私营企业、个体工商户、外资企业和个人还是其他单位、个人，只要缴纳了消费税、增值税中的任何一种税，都必须同时缴纳城市维护建设税

个体商贩及个人在集市上出售商品，对其征收临时经营的增值税，是否同时按其实缴税额征收城市维护建设税，由各省、自治区、直辖市人民政府根据实际情况确定

图5-2 城市维护建设税的纳税人

自2010年12月1日起，对外资企业和个人城市维护建设税和教育费附加的税收优惠政策取消，即自2010年12月1日起外资企业和个人只要缴纳了消费税、增值税中的任何一种税，都必须同时缴纳城市维护建设税及教育费附加。

5.3 城市维护建设税的税率

城市维护建设税的税率是如何规定的？

城市维护建设税实行地区差别的固定比例税率，按照纳税人所在地的不同，税率分别规定为7%、5%、1%三个档次。不同地区的纳税人适用不同档次的税率。具体适用范围是：纳税人所在地在城市市区的，税率为7%；纳税人所在地在县城、建制镇的，税率为5%；纳税人所在地不在城市市区、县城、建制镇的，税率为1%（图5-3）。

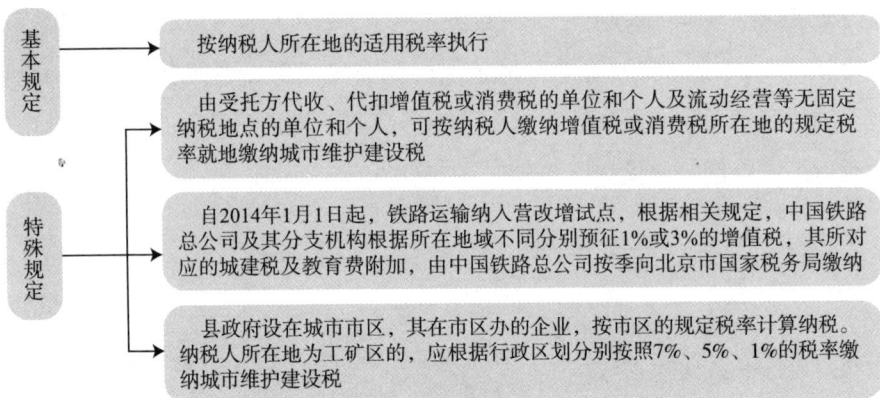

图5-3 城市维护建设税税率的规定

5.4 城市维护建设税如何计算

5.4.1 城市维护建设税的计税依据如何确定

城市维护建设税的计税依据是纳税人实际缴纳的消费税、增值税税额。

城市维护建设税以增值税和消费税税额为计税依据，指的是增值税和消费税实际缴纳税额，不包括加收的滞纳金和罚款。因为滞纳金和罚款是税务机关对纳税人采取的一种经济制裁，不是增值税和消费税的正税，因此，不应包括在计税依据之内。

5.4.2 城市维护建设税有哪些税收减免政策

城市维护建设税是以消费税、增值税税额为计税依据，并与消费税和增值税同时征收的（特殊情况除外）。这样，税法规定对纳税人减免消费税和增值税时，相应也减免了城市维护建设税。因此，城市维护建设税基本上没有单独规定减免税。但对一些特殊情况，财政部和国家税务总局做了特案减免税规定（图5-4）。

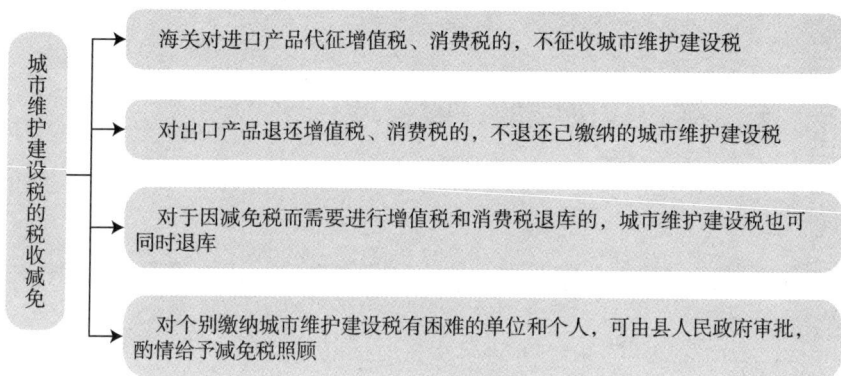

图5-4 城市维护建设税的税收优惠减免

5.4.3 城市维护建设税的应纳税额如何计算

城市维护建设税的应纳税额按以下公式计算：

应纳税额＝（实际缴纳的消费税+增值税）×适用税率

案例分析5-1：城市维护建设税的计算

地处市区的某国有企业，2019年6月份实际缴纳消费税税额40万元、增值税20万元。试计算应纳的城市维护建设税额。

应纳税额 =（实际缴纳的消费税 + 增值税）× 适用税率

= （40+20）× 7%=4.20（万元）

案例分析5-2：城市维护建设税的计算

地处县城的某外商投资企业，2019年5月实际缴纳增值税30万元，消费税10万元。试计算应纳的城市维护建设税额。

应纳税额 =（实际缴纳的消费税 + 增值税）× 适用税率

= （30+10）× 5%=2（万元）

5.5 城市维护建设税的征收管理

城市维护建设税的征收管理、纳税环节等事项，比照消费税、增值税的有关规定办理。

5.5.1 城市维护建设税的纳税地点是如何规定的

根据税法规定的原则，针对一些比较复杂并有特殊性的纳税地点问题，财政部和国家税务总局做了如下规定（图5-5）。

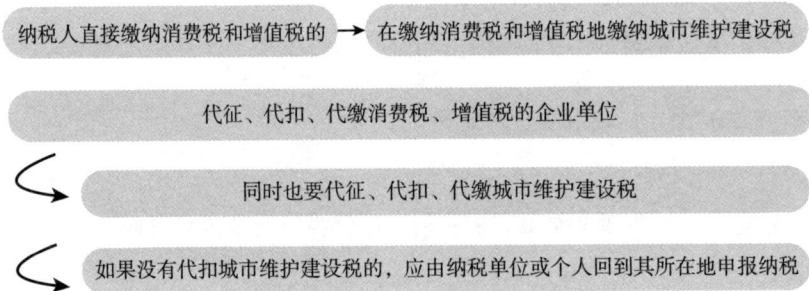

图5-5 城市维护建设税的纳税地点是如何规定

5.5.2 城市维护建设税的违规行为如何处罚

由于城市维护建设税是与消费税、增值税同时征收的（铁路总公司例外），所以在一般情况下，城市维护建设税不单独加收滞纳金或罚款。但是，如果纳税人缴纳了增值税和消费税之后，如不按照规定缴纳城市维护建设税的，则可以对其单独加收滞纳金，也可以单独进行罚款。

5.5.3 城市维护建设税的纳税申报表如何填写

城市维护建设税纳税申报表详见表5-1。

表5-1 城市维护建设税纳税申报表

城市维护建设税申报表

				开户银行：		
				账号：		
	所属时期：			单位：元（列至角分）		
税务代码：			缴纳人名称			
地址：			经济类型	有限	预算级次	县级
计征依据	计征金额	附加率	应征额	已缴额		应缴（退）额
增值税						—
消费税						
合计						
如缴纳人填报由缴纳人填写如下各栏			如委托代理人填报由代理人填写以下各栏			备注
缴纳人（签章）	经办人（签章）	会计主管（签章）	代理人名称		代理人（签章）	
			地址			
			电话			
			经办人			
以下由税务机关填写						
收到申报表日期		接收人（签章）		地方税务机关（签章）		
注：本表共三联，一联纳税人留存，一联税务会计核算，一联主管地税机关存档						

5.6 教育费附加

5.6.1 教育费附加是什么，缴纳金额如何计算

教育费附加的概念及特征如图 5-6 所示。

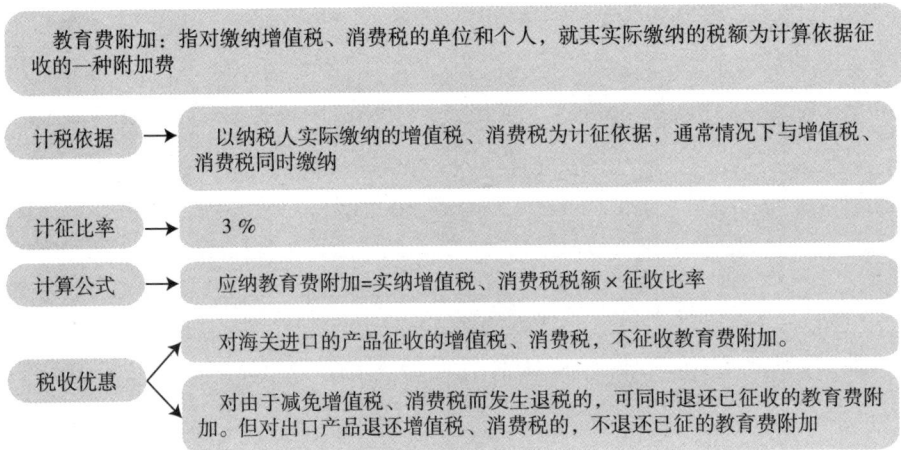

教育费附加：指对缴纳增值税、消费税的单位和个人，就其实际缴纳的税额为计算依据征收的一种附加费

计税依据 ➝ 以纳税人实际缴纳的增值税、消费税为计征依据，通常情况下与增值税、消费税同时缴纳

计征比率 ➝ 3%

计算公式 ➝ 应纳教育费附加=实纳增值税、消费税税额×征收比率

税收优惠
- 对海关进口的产品征收的增值税、消费税，不征收教育费附加。
- 对由于减免增值税、消费税而发生退税的，可同时退还已征收的教育费附加。但对出口产品退还增值税、消费税的，不退还已征的教育费附加

图5-6　教育费附加的概念及特征

案例分析 5-3：教育费附加的计算

益达公司是一家地处市区的食品生产企业，2019 年 11 月份实际缴纳增值税 30 万元，缴纳消费税 40 万元。计算该企业本月应缴纳的教育费附加。

本月应缴纳的教育费附加金额 = 应纳教育费附加

= 实纳增值税、消费税税额 × 征收比率

= （30+40）× 3%=2.10（万元）

5.6.2 教育费附加的纳税申报表如何填报

教育费附加纳税申报表详见表5-2。

表 5-2 教育费附加纳税申报表

教育费附加申报表

					开户银行：	
					账号：	
		所属时期：			单位：元（列至角分）	
税务代码：			缴纳人名称			
地址：			经济类型	有限	预算级次	县级
计征依据	计征金额	附加率	应征额	已缴额		应缴（退）额
增值税						—
消费税						
合计						
如缴纳人填报由缴纳人填写如下各栏			如委托代理人填报由代理人填写以下各栏			备注
缴纳人（签章）	经办人（签章）	会计主管（签章）	代理人名称		代理人（签章）	
			地址			
			电话			
			经办人			
以下由税务机关填写						
收到申报表日期		接收人（签章）			地方税务机关（签章）	
注：本表共三联，一联纳税人留存，一联税务会计核算，一联主管地税机关存档						

6 车船使用税
——有车一族必备缴税小知识

● 全章概览

　　我国对车船税征收的历史悠久。明清时，曾对内河商船征收船钞。1949 年以前，不少城市对车船征收牌照税。1951 年颁布了《车船使用牌照税暂行条例》，对车船征收车船使用牌照税。1986 年 9 月国务院在实施工商税制改革时，又发布了《中华人民共和国车船使用税暂行条例》。2006 年 12 月 29 日，国务院公布了《中华人民共和国车船税暂行条例》（以下简称《车船税暂行条例》）。

　　不管是有车族还是无车族都应该对车船税有所了解，因为这和我们的日常生活联系得特别紧密。因为可能在将来自己买车的时候派上用场，比如到底是选择何种型号、哪种排量的汽车，各种车的税有多大差距。现在，就让我们先进行知识储备吧。

6.1　认识车船税

车船税的概念和特点如图 6-1 所示。

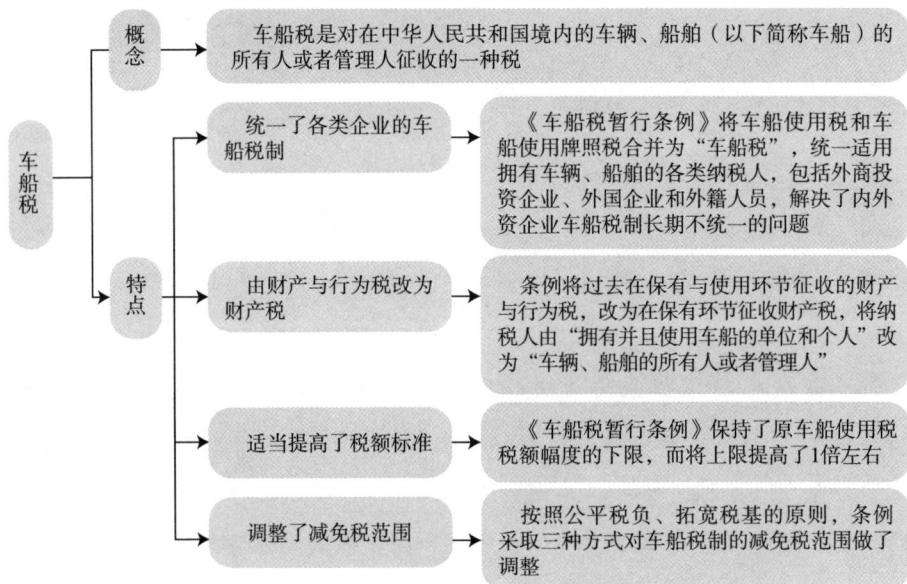

图6-1　车船税的概念和特点

6.2　车船税的纳税人、征税范围和税率

6.2.1　哪些人需要缴纳车船税

车船税的纳税义务人，是指在中华人民共和国境内，车辆、船舶（以下

简称车船）的所有人或者管理人，应当依照《车船税暂行条例》的规定缴纳车船税。

6.2.2 哪些车船需要缴纳车船税

车船税的征收范围，是指依法应当在我国车船管理部门登记的车船（除规定减免的车船外），具体内容如图 6-2 所示。

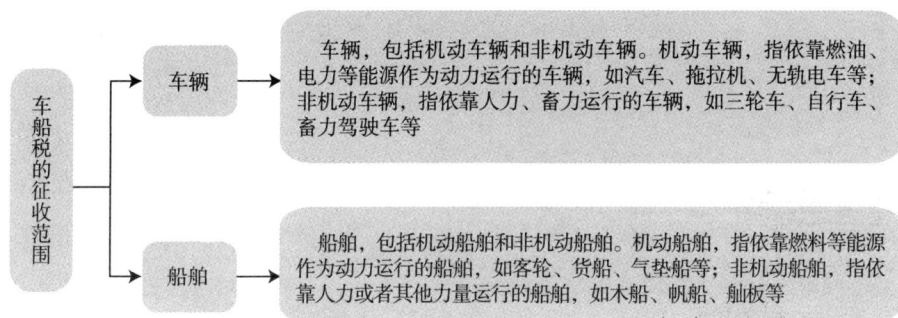

图6-2 车船税的征收范围

6.2.3 车船税的税率是如何规定的

车船税采用定额税率，即对征税的车船规定单位固定税额。车船税确定税额总的原则是：非机动车船的税负轻于机动车船；人力车的税负轻于畜力车；小吨位船舶的税负轻于大吨位船舶。

车船使用税定额税率表详见表 6-1。

表 6-1 车船使用税定额税率表

税目	计税单位	每年税额（元）	备注
载客汽车	每辆	60 ～ 660	包括电车
载货汽车专项作业车	按自重每吨	16 ～ 120	包括半挂牵引车、挂车
三轮汽车低速货车	按自重每吨	24 ～ 120	
摩托车	每辆	36 ～ 180	
船舶	按净吨位每吨	3 ～ 6	拖船和非机动驳船分别按船舶税额的 50% 计算

6.2.3.1 载客汽车

"车船税税目税额表"中的载客汽车，分为大型客车、中型客车、小型客车和微型客车四个子税目。其中，大型客车是指核定载客人数大于或者等于20人的载客汽车；中型客车是指核定载客人数大于9人且小于20人的载客汽车；小型客车是指核定载客人数小于或者等于9人的载客汽车；微型客车是指发动机汽缸总排气量小于或者等于1升的载客汽车。载客汽车各子税目的每年税额幅度为：

大型客车，480～660元；

中型客车，420～660元；

小型客车，360～660元；

微型客车，60～480元。

客货两用汽车按照载货汽车的计税单位和税额标准计征车船税。

6.2.3.2 三轮汽车

"车船税税目税额表"中的三轮汽车，是指在车辆管理部门登记为三轮汽车或者三轮农用运输车的机动车。

6.2.3.3 低速货车

"车船税税目税额表"中的低速货车，是指在车辆管理部门登记为低速货车或者四轮农用运输车的机动车。

6.2.3.4 专项作业车

"车船税税目税额表"中的专项作业车，是指装置有专用设备或者器具，用于专项作业的机动车；轮式专用机械车是指具有装卸、挖掘、平整等设备的轮式自行机械。

专项作业车和轮式专用机械车计税单位为自重每吨，每年税额为16～120元。具体适用税额由省、自治区、直辖市人民政府参照载货汽车的税额标准在规定的幅度内确定。

6.2.3.5 船舶

"车船税税目税额表"中的船舶，具体适用税额如下。

（1）净吨位小于或者等于200吨的，每吨3元。

（2）净吨位 201 ～ 2000 吨的，每吨 4 元。

（3）净吨位 2001 ～ 10000 吨的，每吨 5 元。

（4）净吨位 10001 吨及以上的，每吨 6 元。

6.3　车船税计税依据及应纳税额的计算

6.3.1　车船税的计税依据如何确定

车船税的计税依据如图 6-3 所示。

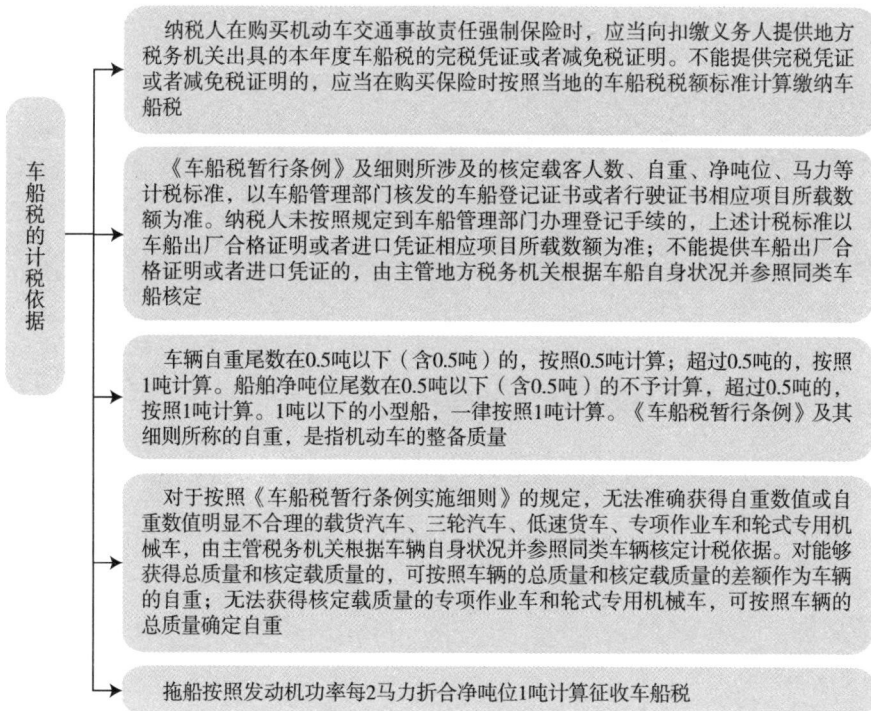

车船税的计税依据

纳税人在购买机动车交通事故责任强制保险时，应当向扣缴义务人提供地方税务机关出具的本年度车船税的完税凭证或者减免税证明。不能提供完税凭证或者减免税证明的，应当在购买保险时按照当地的车船税税额标准计算缴纳车船税

《车船税暂行条例》及细则所涉及的核定载客人数、自重、净吨位、马力等计税标准，以车船管理部门核发的车船登记证书或者行驶证书相应项目所载数额为准。纳税人未按照规定到车船管理部门办理登记手续的，上述计税标准以车船出厂合格证明或者进口凭证相应项目所载数额为准；不能提供车船出厂合格证明或者进口凭证的，由主管地方税务机关根据车船自身状况并参照同类车船核定

车辆自重尾数在0.5吨以下（含0.5吨）的，按照0.5吨计算；超过0.5吨的，按照1吨计算。船舶净吨位尾数在0.5吨以下（含0.5吨）的不予计算，超过0.5吨的，按照1吨计算。1吨以下的小型船，一律按照1吨计算。《车船税暂行条例》及其细则所称的自重，是指机动车的整备质量

对于按照《车船税暂行条例实施细则》的规定，无法准确获得自重数值或自重数值明显不合理的载货汽车、三轮汽车、低速货车、专项作业车和轮式专用机械车，由主管税务机关根据车辆自身状况并参照同类车辆核定计税依据。对能够获得总质量和核定载质量的，可按照车辆的总质量和核定载质量的差额作为车辆的自重；无法获得核定载质量的专项作业车和轮式专用机械车，可按照车辆的总质量确定自重

拖船按照发动机功率每2马力折合净吨位1吨计算征收车船税

图6-3　车船税的计税依据

6.3.2 车船税应纳税额的计算

购置的新车船，购置当年的应纳税额自纳税义务发生的当月起按月计算。计算公式为：

$$应纳税额 = \frac{年应纳税额}{12} \times 应纳税月份数$$

案例分析 6-1：车船税应纳税额的计算

某运输公司拥有载货汽车 20 辆（货车自重全部为 10 吨）；乘人大客车 25 辆、小客车 10 辆。计算该公司应纳车船使用税（注：载货汽车按自重每吨年税额 80 元，乘人大客车每辆年税额 500 元，小客车每辆年税额 400 元）。

(1) 载货汽车应纳税额 =20×10×80=16000（元）

(2) 乘人汽车应纳税额 =25×500+10×400=16500（元）

(3) 全年应纳车船税额 =16000+16500=32500（元）

6.4 车船税的税收优惠政策

车船税的税收优惠如图 6-4 所示。

非机动车船（不包括非机动驳船）

非机动车是指以人力或者畜力驱动的车辆，以及符合国家有关标准的残疾人机动轮椅车、电动自行车等车辆;非机动船舶是指自身没有动力装置，依靠外力驱动的船舶;非机动驳船是指在船舶管理部门登记为驳船的非机动船

拖拉机

拖拉机是指在农业（农业机械）部门登记为拖拉机的车辆

捕捞、养殖渔船

捕捞、养殖渔船是指在渔业船舶管理部门登记为捕捞船或者养殖船的渔业船舶，不包括登记为捕捞船或者养殖船以外类型的渔业船舶

军队、武警专用的车船

军队、武警专用的车船是指按照规定在军队、武警车船管理部门登记，并领取军用牌照、武警牌照的车船

警用车船

公安机关、国家安全机关、监狱、劳动教养管理机关和人民法院、人民检察院领取警用牌照的车辆和执行警务的专用船舶

法定减免

按照有关规定已经缴纳船舶吨税的船舶

依照我国有关法律和我国缔结或者参加的国际条约的规定应当予以免税的外国驻华使馆、领事馆和国际组织驻华机构及其有关人员的车船

车船税减免税优惠

省级人民政府可以根据当地实际情况，对城市、农村公共交通车船给予定期减税、免税

对尚未在车辆管理部门办理登记、属于应减免税的新购置车辆，车辆所有人或管理人可提出减免税申请并提供机构或个人身份证明文件和车辆权属证明文件以及地方税务机关要求的其他相关资料

特定减免

新购置应予减免税的车辆所有人或管理人在购买机动车交通事故责任强制保险时已缴纳车船税的，在办理车辆登记手续后可向税务机关提出减免税申请，经税务机关审验符合车船税减免税条件的，税务机关应退还纳税人多缴的税款

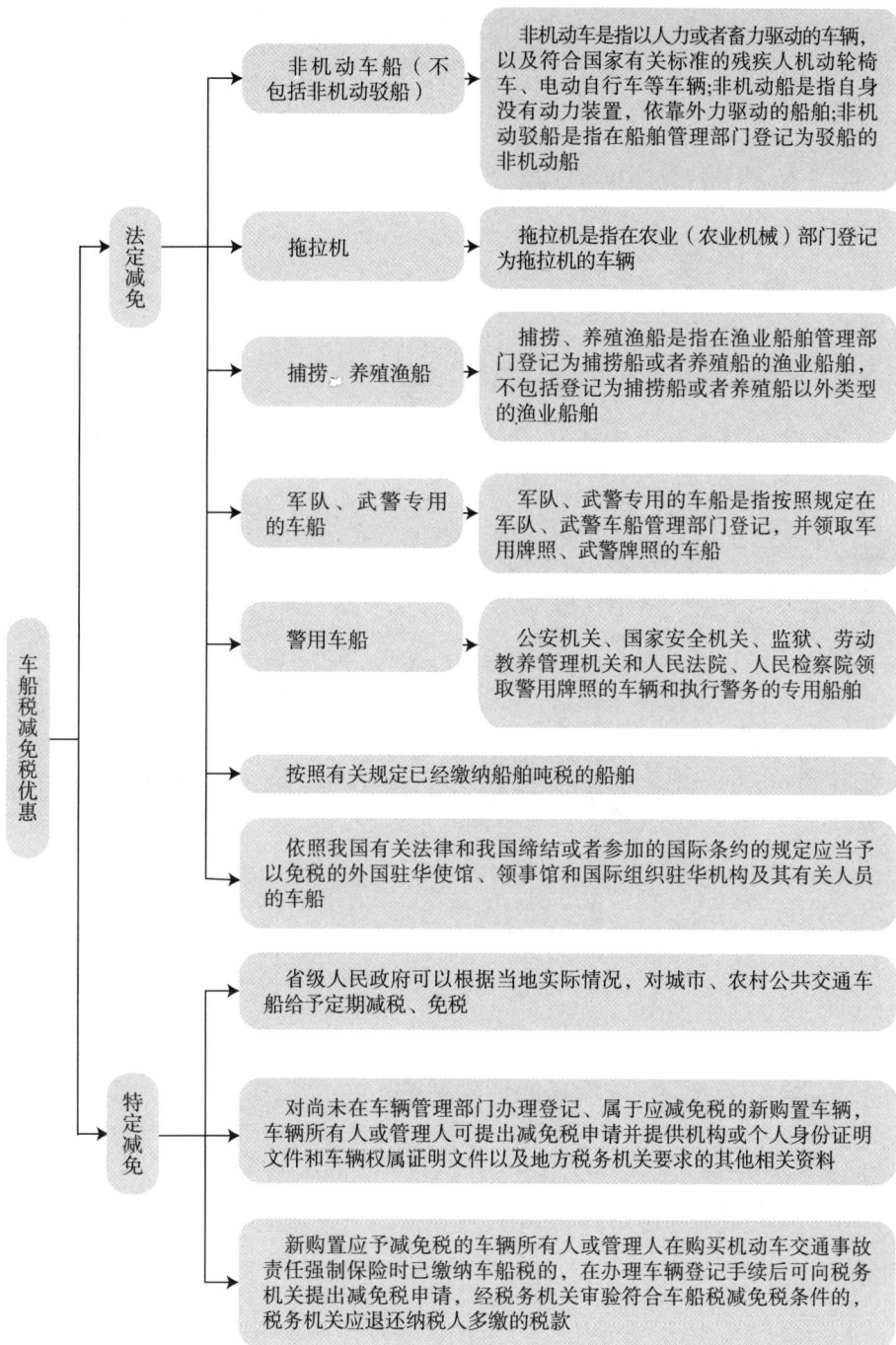

图6-4　车船税的税收优惠

6.5 车船税的征收管理

6.5.1 车船税的纳税期限是如何规定的

车船税的纳税期限如图 6-5 所示。

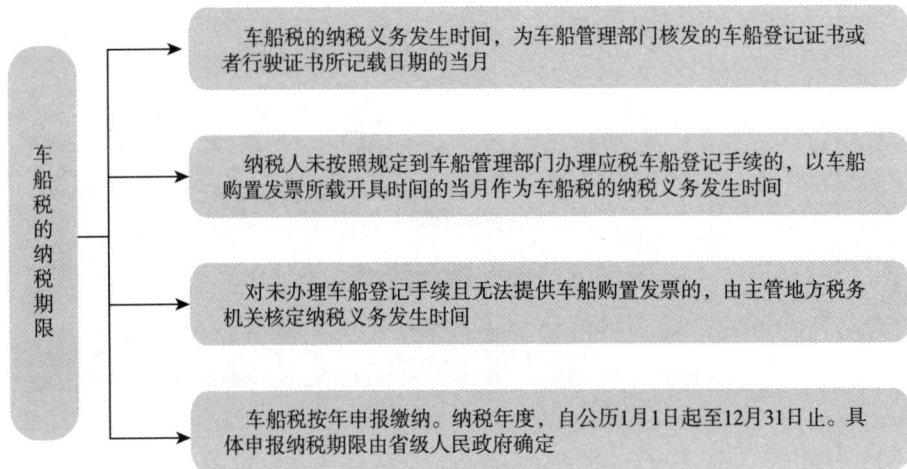

车船税的纳税期限

- 车船税的纳税义务发生时间，为车船管理部门核发的车船登记证书或者行驶证书所记载日期的当月
- 纳税人未按照规定到车船管理部门办理应税车船登记手续的，以车船购置发票所载开具时间的当月作为车船税的纳税义务发生时间
- 对未办理车船登记手续且无法提供车船购置发票的，由主管地方税务机关核定纳税义务发生时间
- 车船税按年申报缴纳。纳税年度，自公历1月1日起至12月31日止。具体申报纳税期限由省级人民政府确定

图6-5 车船税的纳税期限

6.5.2 车船税的纳税地点是如何规定的

车船税由地方税务机关负责征收。纳税地点，由省级人民政府根据当地实际情况确定。跨省、自治区、直辖市使用的车船纳税地点为车船的登记地。

6.5.3 如何申报缴纳车船税

申报缴纳车船税的具体规定如图6-6所示。

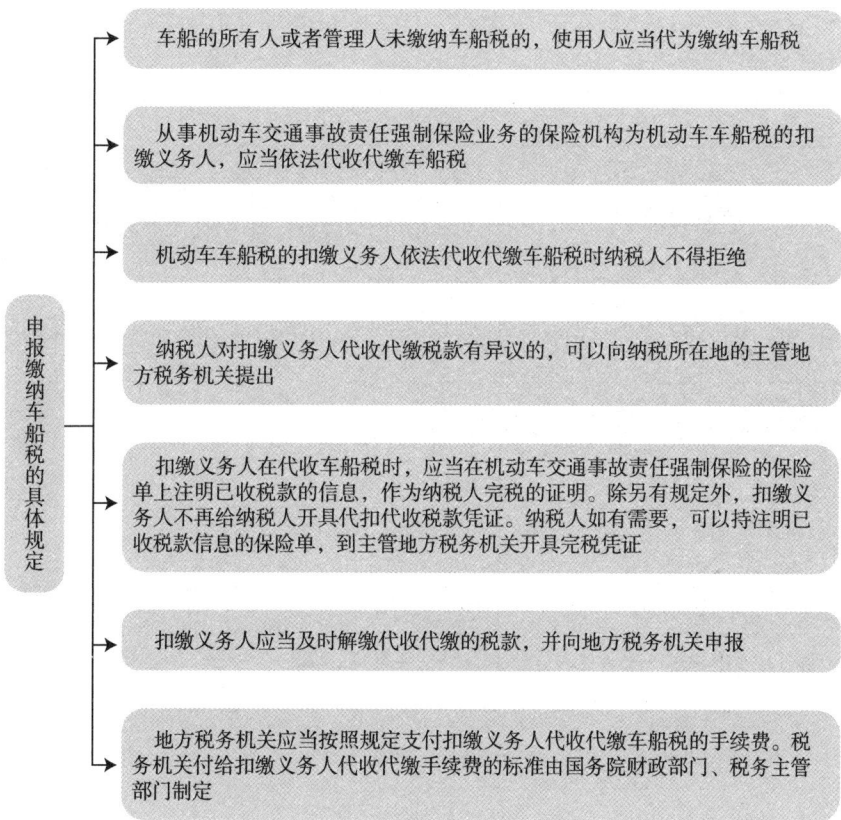

图6-6 申报缴纳车船税的具体规定

6.5.4 "车船税纳税申报表"如何填写

车船税的纳税人应按照有关规定及时办理纳税申报，并如实填写"车船税纳税申报表"（表6-2）。

表6-2　车船税纳税申报表

车船税纳税申报表

纳税人识别号 □□□□□□□□□□□□□□□□□□□□

纳税人名称：（公章）

税款所属期限：自　　年　月　日至　　年　月　日

填表日期：　　　年　月　日　　　　　　　　　　金额单位：元

车船类别		计税单位	税额标准	数量	吨位	本期应纳税额	本期已缴税额	本期应补（退）税额
载客汽车	乘坐人数大于或等于20人	每辆						
	乘坐人数大于9人小于20人	每辆						
	乘坐人数小于或等于9人	每辆						
	发动机气缸总排气量小于等于1升	每辆						
载货汽车（包括半挂牵引车、挂车）		按自重每吨						
三轮汽车		按自重每吨						
低速货车		按自重每吨						
摩托车		每辆						
专项作业车		按自重每吨						
轮式专用机械车		按自重每吨						
小计		—						
船舶	净吨位小于或等于200吨	每吨	3元					
	净吨位201吨至2000吨	每吨	4元					
	净吨位2001吨至10000吨	每吨	5元					
	净吨位10001吨及以上	每吨	6元					
小计		—						
合计								

续表

纳税人或代理人声明： 此纳税申报表是根据国家税收法律的规定填报的，我信它是真实的、可靠的、完整的。	如纳税人填报，由纳税人填写以下各栏			
	经办人（签章）		会计主管（签章）	法定代表人（签章）
	如委托代理人填报，由代理人填写以下各栏			
	代理人名称			代理人（公章）
	经办人（签章）			
	联系电话			

以下由税务机关填写

受理人		受理日期		受理税务机关（签章）	

填表说明：（1）本表适用于自行申报车船税的纳税人填报。

（2）本表"车船类别"相应栏次分别根据《附表》同类别车船对应栏次合计填写。

7 房产税
——房产主们要注意

● **全章概览**

一提到房产税，可能就会触动大家敏感的神经，因为 2010 以来，房产税一直是业内外热议的焦点。先是 2010 年 4 月 17 日新"国十条"公布后，传出上海版调控细则可能试行房产税，由此房产税的话题重新延续"两会"后的热度。随后的 5 月 31 日，国务院批转国家发改委《关于 2010 年深化经济体制改革重点工作意见的通知》，明确提出"逐步推进房产税改革"，再度引发业内猜测。之后，国家发改委官员表态，房产税改革推进暂无总体安排，但发改委支持地方进行试点和实验。

2011 年起，重庆、上海、杭州等城市陆续开展了房产税试点征收。

2018 年，李克强总理在《政府工作报告》中提出："深化财税体制改革……健全地方税体系，稳妥推进房地产税立法。"

上面提到的房产税针对的是民用房，本章讲述的房产税主要限于城镇的经营性房屋，在了解现行经营性房屋房产税的基础上，让我们今后也关注房产税改革将走向何方。

7.1 认识房产税

什么是房产税，它具有哪些特点？

房产税是以房屋为征税对象，按房屋的计税余值或租金收入为计税依据，向产权所有人征收的一种财产税。

所谓房产，是以房屋形态表现的财产。房屋则是指有屋面和围护结构（有墙或两边有柱），能够遮风避雨，可供人们在其中生产、工作、学习、娱乐、居住或储藏物资的场所。至于那些独立于房屋之外的建筑物，如围墙、烟囱、水塔、变电塔、油池油柜、酒窖菜窖、酒精池、糖蜜池、室外游泳池、玻璃暖房、砖瓦石灰窑以及各种油气罐等，则不属于房产。

房产税的概念与特点如图 7-1 所示。

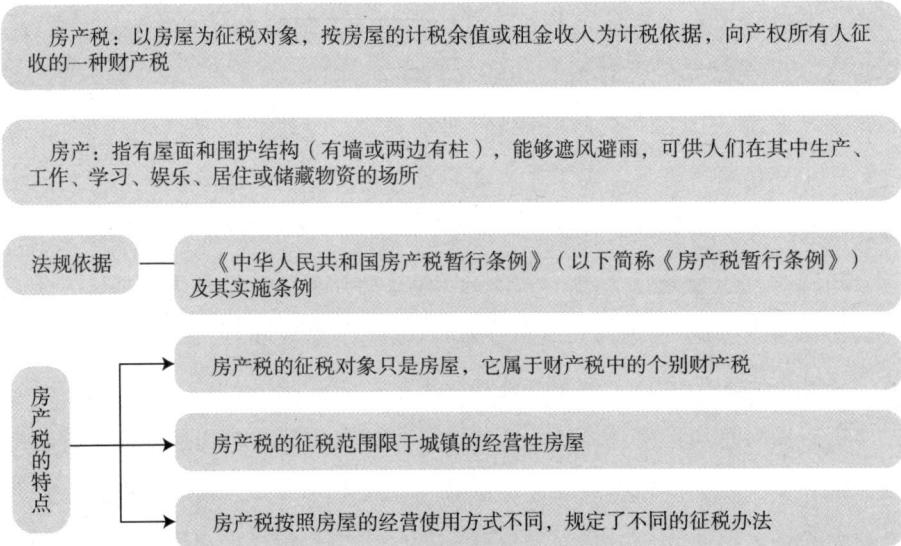

房产税：以房屋为征税对象，按房屋的计税余值或租金收入为计税依据，向产权所有人征收的一种财产税

房产：指有屋面和围护结构（有墙或两边有柱），能够遮风避雨，可供人们在其中生产、工作、学习、娱乐、居住或储藏物资的场所

法规依据 ——《中华人民共和国房产税暂行条例》（以下简称《房产税暂行条例》）及其实施条例

房产税的特点

房产税的征税对象只是房屋，它属于财产税中的个别财产税

房产税的征税范围限于城镇的经营性房屋

房产税按照房屋的经营使用方式不同，规定了不同的征税办法

图7-1 房产税的概念与特点

7.2 房产税的纳税人、征税范围和税率

7.2.1 哪些人需要缴纳房产税

《房产税暂行条例》规定，房产税以在征税范围内的房屋产权所有人为纳税人。对于不同使用状况，不同产权类型的房屋，如何确定纳税人，具体的规定如图 7-2 所示。

房屋产权类型	纳税人
（1）产权属国家所有	由经营管理单位纳税
（2）产权属集体和个人所有的	由集体单位和个人纳税
（3）产权出典的	由承典人纳税
（4）产权未确定及租典纠纷未解决的	由房产代管人或者使用人纳税
（5）无租使用房产	使用人代为缴纳房产税
（6）外商投资企业、外国企业和外国人经营的房产	对于以前缴纳城市房地产税的外资企业和外籍个人，从2009年1月1日起改为缴纳房产税。自2009年1月1日起缴纳房产税，其纳税人比照内资企业执行

图7-2 房产税的纳税人

7.2.2 房产税的征税范围包括哪些

《房产税暂行条例》规定，房产税在城市、县城、建制镇和工矿区征收（图7-3）。也就是说，房产税的征税范围是位于以上地区的房屋。

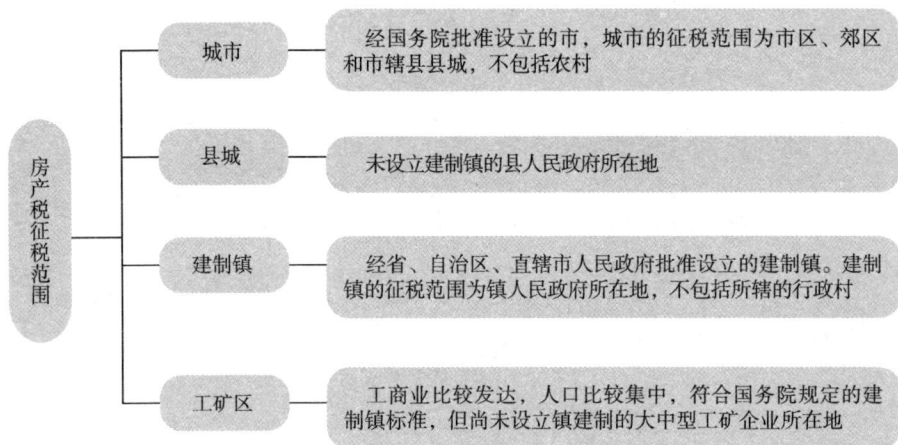

图7-3 房产税征税范围

7.2.3 房产税的税率是怎样规定的

房产税采用比例税率，根据房产税的计税依据分为两种，具体的税率如图7-4所示。

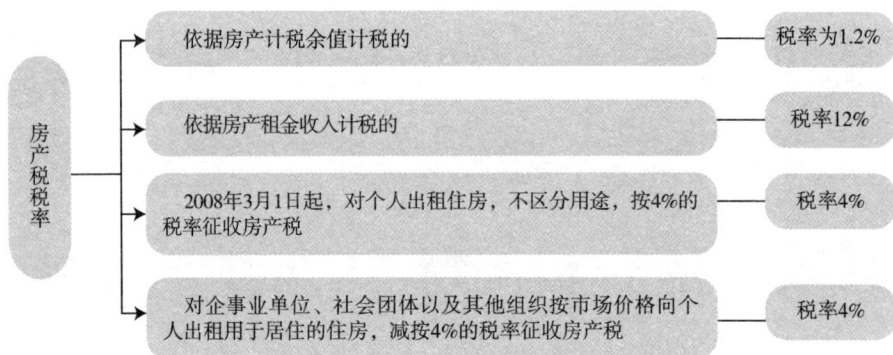

图7-4 房产税税率

7.3 房产税的计算

7.3.1 房产税的计税依据如何确定

房产税采用从价计征的征税方式，计税办法分为按计税余值计税和按租金收入计税两种，因此房产税的计税依据也就包括房产的计税余值和房屋租金两种。房产税计税依据如图 7-5 所示。

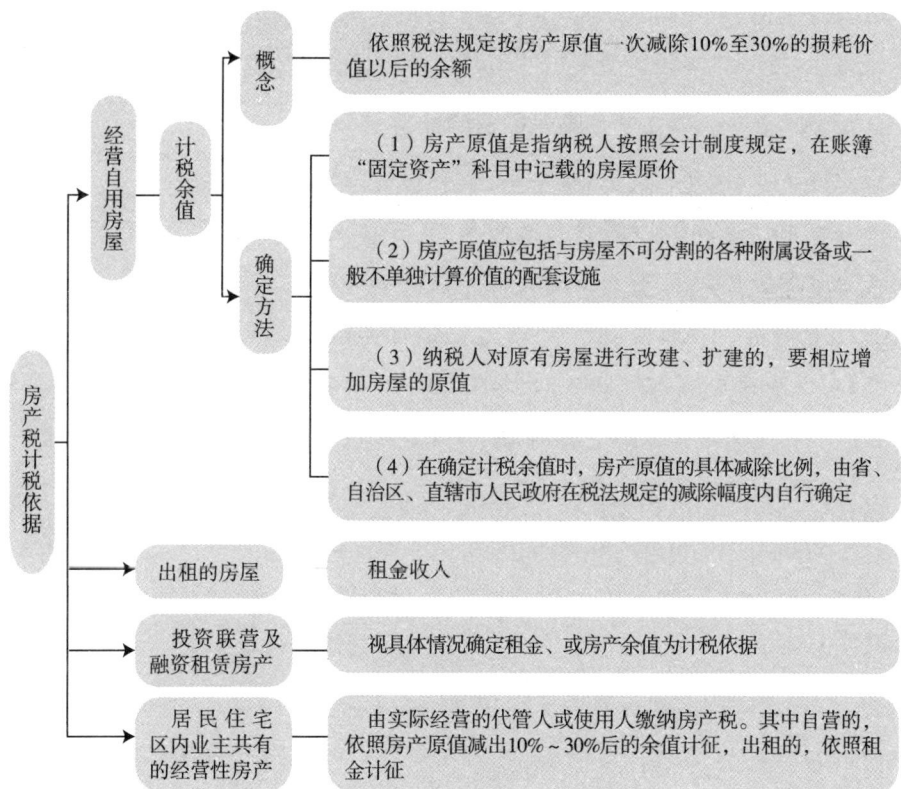

图7-5 房产税计税依据

7.3.2 房产税应纳税额如何计算

房产税的计税依据有两种，与之相适应的应纳税额计算也分为两种：一是从价计征的计算；二是从租计征的计算。

7.3.2.1 从价计征的计算

从价计征是按房产的原值减除一定的比例后的余值计征，其计算公式为：

$$应纳税额＝应税房产原值×（1-扣除比例）×1.2\%$$

如前所述，房产原值是"固定资产"科目中记载的房屋原价；减除一定比例是省、自治区、直辖市人民政府规定的 10% ～ 30% 的减除比例；计征的适用税率为 1.2%。

7.3.2.2 从租计征的计算

从租计征是按房产的租金收入计征，其计算公式为：

$$应纳税额＝租金收入×12\%（或4\%）$$

案例分析 7-1：房产税应纳税额的计算

A 市一企业 2019 年度自有房屋 10 栋，其中 7 栋用于经营生产，房产原值 940 万元，不包括冷暖通风设备 60 万元；3 栋房屋租给某公司做经营用房，年租金收入 75 万元。试计算该企业当年应纳的房产税。（注：该省规定按房产原值一次扣除 20% 后的余值计税）。

（1）自用房产应纳税额 =[（940+60）×（1-20%）]×1.2%=9.6（万元）

（2）租金收入应纳税额 =75×12%=9（万元）

（3）全年应纳房产税额 =9.6+9=18.6（万元）

7.4 房产税的税收优惠政策

依据《房产税暂行条例》及有关规定，目前房产税的减免税优惠如图 7-6 所示。

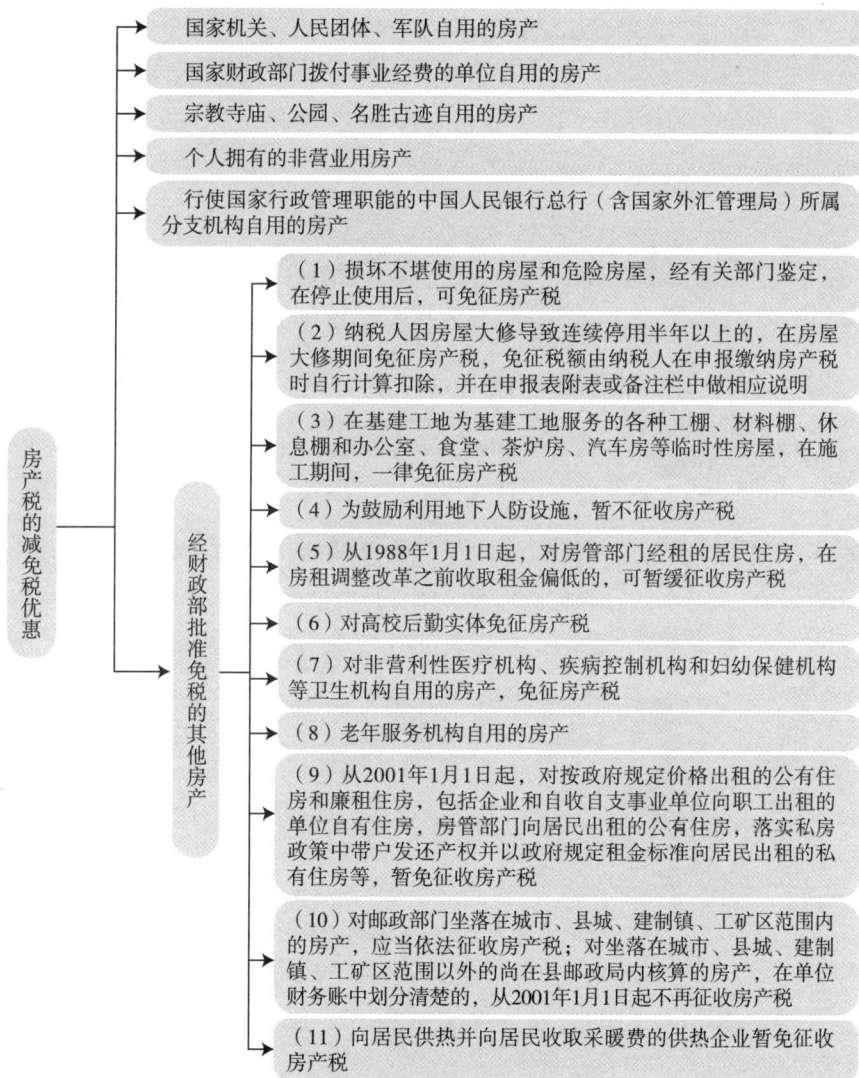

图7-6 房产税的减免税优惠

7.5 房产税如何申报缴纳

7.5.1 房产税的纳税义务发生时间是如何规定的

由于房屋的使用状况不同，其相应的纳税义务发生的时间是不同的，具体情况如图 7-7 所示。

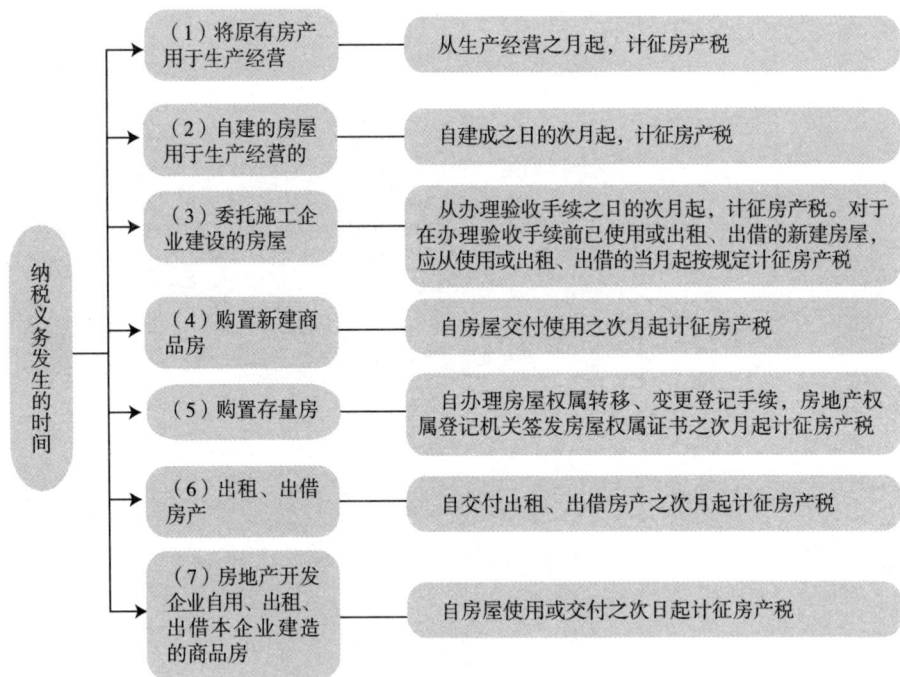

纳税义务发生的时间	（1）将原有房产用于生产经营	从生产经营之月起，计征房产税
	（2）自建的房屋用于生产经营的	自建成之日的次月起，计征房产税
	（3）委托施工企业建设的房屋	从办理验收手续之日的次月起，计征房产税。对于在办理验收手续前已使用或出租、出借的新建房屋，应从使用或出租、出借的当月起按规定计征房产税
	（4）购置新建商品房	自房屋交付使用之次月起计征房产税
	（5）购置存量房	自办理房屋权属转移、变更登记手续，房地产权属登记机关签发房屋权属证书之次月起计征房产税
	（6）出租、出借房产	自交付出租、出借房产之次月起计征房产税
	（7）房地产开发企业自用、出租、出借本企业建造的商品房	自房屋使用或交付之次日起计征房产税

图7-7 房产税纳税业务的发生时间

7.5.2 房产税的纳税期限是怎样规定的

房产税实行按年征收，分期缴纳，纳税期限由省、自治区、直辖市人民政府规定。各地一般按季或半年预征。

7.5.3　房产税的纳税地点是如何规定的

房产税在房产所在地缴纳。房产不在同一地方的纳税人，应按房产的坐落地点分别向房产所在地的税务机关缴纳。

7.5.4　房产税的纳税申报如何办理

房产税纳税义务人应根据税法要求，将现有房屋的坐落地点、结构、面积、原值、出租收入等情况，据实向当地税务机关办理纳税申报，并按规定纳税。如果纳税人住址发生变更、产权发生转移，以及出现新建、改建、扩建、拆除房屋等情况，而引起房产原值发生变化或者租金收入变化的，都要按规定及时向税务机关办理变更登记，以便税务机关及时掌握纳税人的房产变动情况。

7.5.5　房产税纳税申报表如何填写

房产税纳税申报表详见表 7-1。

表7-1 房产税纳税申报表

房产税纳税申报表

税款所属时期：　年　月　日 至　年　月　日　　　　　　　　　　　　　　计算单位：元、平方米

纳税人名称			身份证号码（个人）组织机构代码（单位）		电话	
房产登记编号	纳税编码		房产所属税务机关			

房产地址	房屋名称（楼名、栋号、房号）	房产用途	房产原值	计税余值	适用税率	年应缴纳税额	本期应缴税额	本期减免税额	本期实缴税额
合计									

授权人声明：现授权　　　　　　为本申报人，本次申报事项的代理人，其法定代表人、代理人依法承担有关责任。

授权人（法定代表人、自然人申报人）签名（盖章）：

　　　　年　月　日

申报人声明：本人对所提交的文件、证件以及填写内容的真实性、有效性和合法性内容承担责任，如有虚假申报人依法承担相关责任。

法定代表人（自然人申报人）签名（盖章）：

　　　　年　月　日

代理人声明：本申报事项根据国家税务机关收法律法规及规定填报，如有虚假相关内容，代理人依法承担相关责任。

代理人（法定代表、自然人申报人）签名（盖章）：

　　　　年　月　日

特别声明：本人同意按照税务机关登记的本申报人的房地产信息申报纳税。

法定代表人（自然人申报人）签名（盖章）：

　　　　年　月　日

受理税务机关（章）：　　　　　受理税务机关（章）：　　　　　受理录入人：

受理录入日期：

8 土地增值税
——转让土地使用权也要纳税

● 全章概览

　　土地增值税是对房地产企业收益影响较大的税种之一。对房地产企业来说，如何进行有效的土地增值税税收筹划，减轻纳税负担，相应增加企业的盈利，势必成为今后企业发展中的重要课题。对消费者来说，了解了与房地产有关的税种，可以对市场加深了解，更理性地进行消费。

　　那么，继上章了解了房产税之后，这一章我们将向你介绍土地增值税，让你了解土地增值税是什么，如何进行征收以及征收的金额。

8.1 认识土地增值税

什么是土地增值税，它具有哪些特点？

土地增值税是对有偿转让固有土地使用权及地上建筑物和其他附着物产权并取得增值性收入的单位和个人所征收的一种税。具体概念及特点如图 8-1 所示。

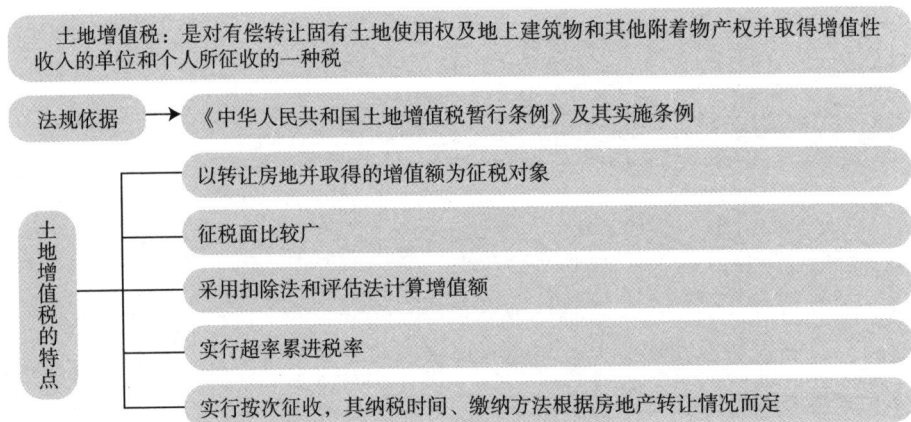

土地增值税：是对有偿转让固有土地使用权及地上建筑物和其他附着物产权并取得增值性收入的单位和个人所征收的一种税

法规依据 → 《中华人民共和国土地增值税暂行条例》及其实施条例

土地增值税的特点
- 以转让房地并取得的增值额为征税对象
- 征税面比较广
- 采用扣除法和评估法计算增值额
- 实行超率累进税率
- 实行按次征收，其纳税时间、缴纳方法根据房地产转让情况而定

图8-1 土地增值税的概念与特点

8.2 土地增值税的纳税人、征税范围和税率

8.2.1 哪些人需要缴纳土地增值税

《土地增值税暂行条例》规定，土地增值税的纳税人是转让国有土地使用

权及地上的一切建筑物及其附着物产权，并取得收入的单位和个人。包括机关、团体、部队、企业事业单位、个体工商业户及国内其他单位和个人，还包括外商投资企业、外国企业及外国机构、华侨、港澳台同胞及外国公民等。

8.2.2 土地增值税的征税范围包括哪些

土地增值税的课税对象是有偿转让国有土地使用权及地上建筑物和其他附着物产权所取得的增值额。土地增值税征税范围如图8-2所示。

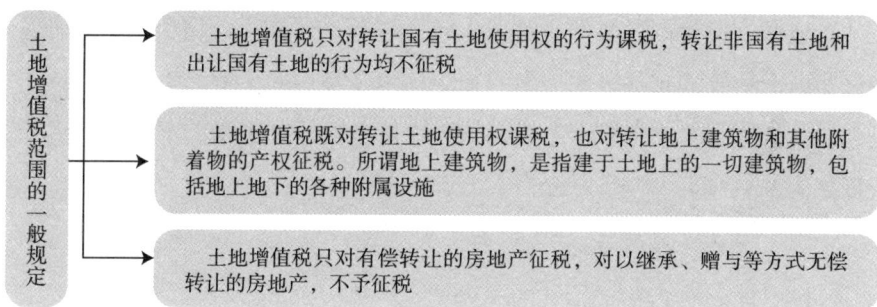

图8-2 土地增值税征税范围

8.2.3 土地增值税的税率是怎样规定的

土地增值税采用四级超率累进税率（表8-1）。其中，最低税率为30%，最高税率为60%，税收负担高于企业所得税。实行这样的税率结构和负担水平，一方面，可以对正常的房地产开发经营，通过较低税率体现优惠政策；另一方面，对取得过高收入，尤其是对炒买炒卖房地产获取暴利的单位和个人，也能发挥一定的调节作用。

表8-1 土地增值税四级超率累进税率表

级数	增值额与扣除项目金额的比率	税率（%）	速算扣除系数
1	不超过50%的部分	30	0
2	超过50%～100%的部分	40	5
3	超过100%～200%的部分	50	15
4	超过200%的部分	60	35

8.3　土地增值税的计算

8.3.1　土地增值税的计税依据如何确定

土地增值税的计税依据是纳税人转让房地产所取得的增值额，是纳税人转让房地产的收入减除税法规定的扣除项目金额后的余额。土地增值额的大小，取决于转让房地产的收入额和扣除项目金额两个因素。土地增值税计税依据如图 8-3 所示。

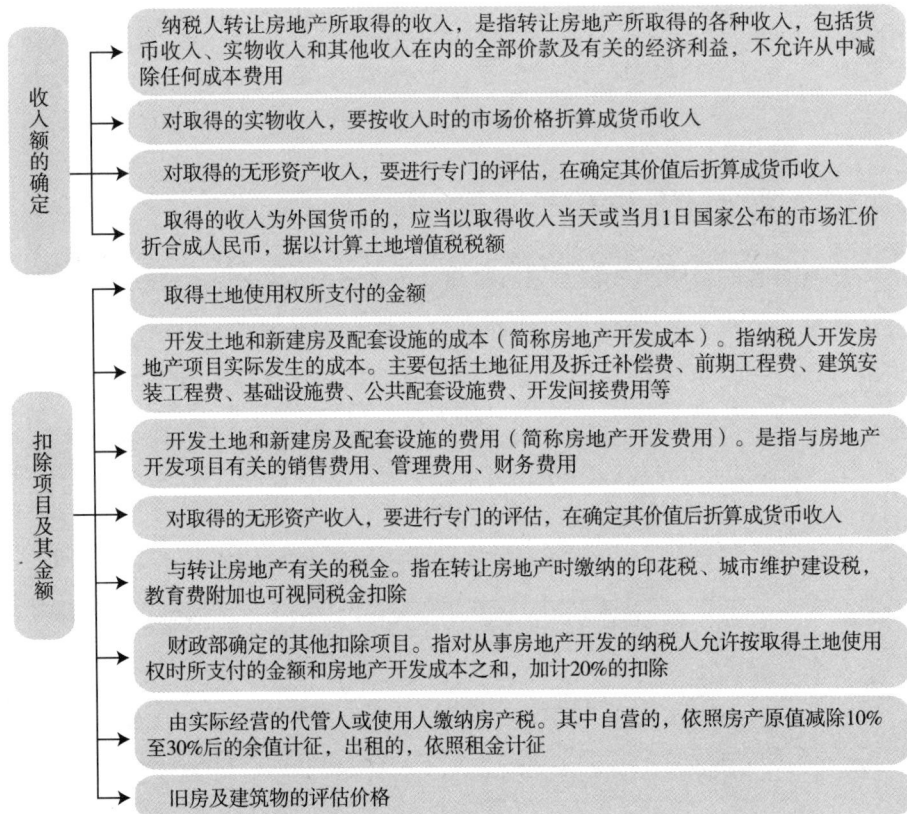

图8-3　土地增值税计税依据

8.3.2 哪些情形需要对房地产转让价格进行评估

税法规定，纳税人有下列情况之一的，需要对房地产进行评估，并以房地产的评估价格来确定转让房地产收入、扣除项目的金额（图8-4）。

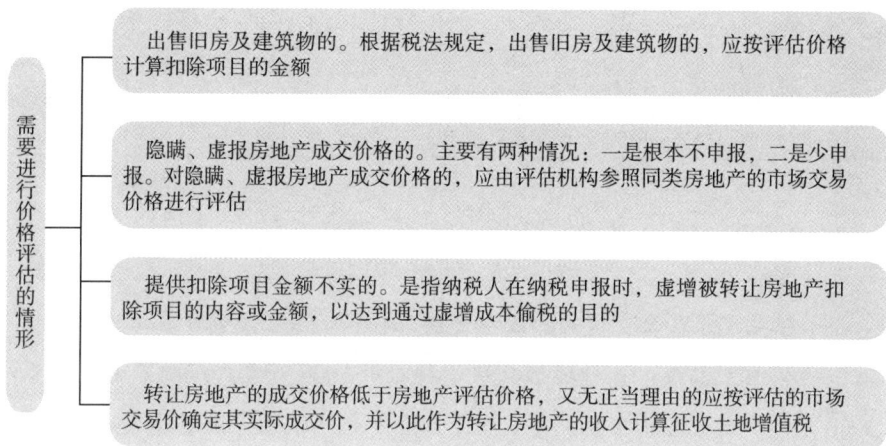

需要进行价格评估的情形

出售旧房及建筑物的。根据税法规定，出售旧房及建筑物的，应按评估价格计算扣除项目的金额

隐瞒、虚报房地产成交价格的。主要有两种情况：一是根本不申报，二是少申报。对隐瞒、虚报房地产成交价格的，应由评估机构参照同类房地产的市场交易价格进行评估

提供扣除项目金额不实的。是指纳税人在纳税申报时，虚增被转让房地产扣除项目的内容或金额，以达到通过虚增成本偷税的目的

转让房地产的成交价格低于房地产评估价格，又无正当理由的应按评估的市场交易价确定其实际成交，并以此作为转让房地产的收入计算征收土地增值税

图8-4 需要对房地产转让价格进行评估的情形

8.4 土地增值税应纳税额如何计算

土地增值税以转让房地产的增值额为税基，依据超率累进税率，计算应纳税额，其计算原理与超额累进税率基本相同。计算的基本原理和方法是：首先以出售房地产的总收入减除扣除项目金额，求得增值额；再以增值额同扣除项目相比，其比值即为土地增值率；然后，根据土地增值率的高低确定适用税率，用增值额和适用税率相乘，求得应纳税额。计算土地增值税的简便方法见表8-2。

表 8-2　计算土地增值税简便方法

增值额未超过扣除项目金额 50%	土地增值税税额 + 增值额 +30%
增值额超过扣除项目金额 50%，未超过 100% 的	土地增值税税额 + 增值额 +40% - 扣除项目金额 +5%
增值额超过扣除项目金额 100%，未超过 200%	土地增值税税额 + 增值额 +50% - 扣除项目金额 +15%
增值额超过扣除项目金额 200%	土地增值税税额 + 增值额 +60% - 扣除项目金额 +60%
公式中的 5%、15%、35% 为速算扣除系数	

案例分析 8-1：土地增值税应纳税额的计算

　　某房地产开发公司出售一幢写字楼，收入总额为 10000 万元。开发该写字楼有关支出为：支付地价款及各种费用 1000 万元；房地产开发成本 3000 万元；财务费用中的利息支出为 500 万元（可按转让项目计算分摊并提供金融机构证明），但其中有 50 万元属加罚的利息；转让环节缴纳的有关税费共计 555 万元；该单位所在地政府规定的其他房地产开发费用计算扣除比例为 5%。试计算该房地产开发公司应纳的土地增值税。

　　（1）取得土地使用权支付的地价款及有关费用为 1000 万元。

　　（2）房地产开发成本为 3000 万元。

　　（3）房地产开发费用 =500-50+（1000+3000）×5%=650（万元）

　　（4）允许扣除的税费为 555 万元。

　　（5）从事房地产开发的纳税人加计扣除 20%。

　　加计扣除额 =（1000+3000）×20%=800（万元）

　　（6）允许扣除的项目金额合计 =1000+3000+650+555+800=6005（万元）

　　（7）增值额 =10000-6005=3995（万元）

　　（8）增值率 =3995÷6005×100%=66.53%

　　（9）应纳税额 =3995×40%-6005×5%=1297.75（万元）

8.5　土地增值税的税收优惠政策

依据《土地增值税暂行条例》及有关规定，目前土地增值税的减免税优惠主要包括图8-5所示的几种。

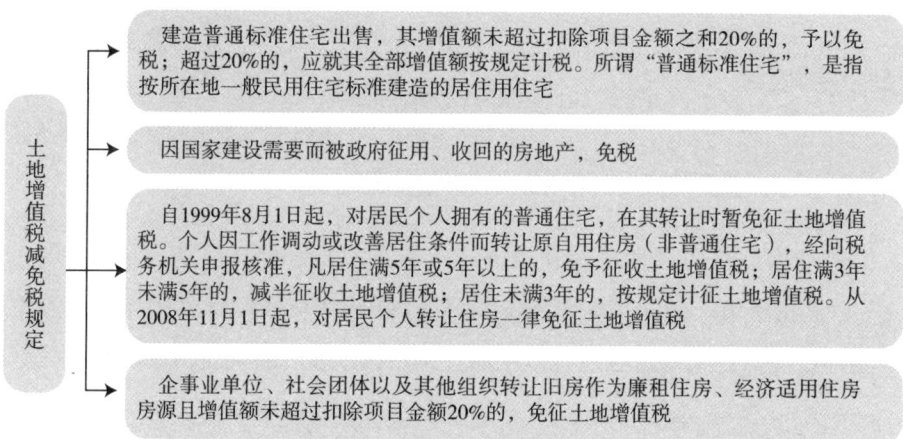

图8-5　土地增值税的减免税优惠

8.6　土地增值税如何申报缴纳

8.6.1　土地增值税的纳税时间和纳税方法是如何规定的

土地增值税按照转让房地产所取得的实际收益计算征收，由于计税时要涉及房地产开发的成本和费用，有时还要进行房地产评估等，因此，其纳税时间就不可能像其他税种那样做出统一规定，而是要根据房地产转让的不同情况，由主管税务机关具体确定。主要有三种情况，详见图 8-6。

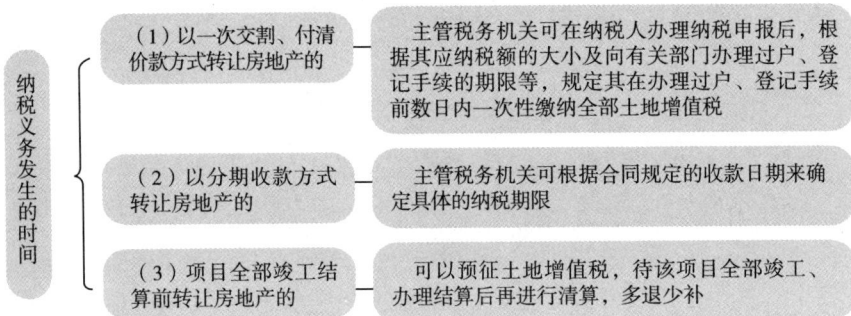

图8-6 土地增值税纳税业务的发生时间

8.6.2 土地增值税的纳税地点是如何规定的

土地增值税由房地产所在地的税务机关负责征收。所谓"房地产所在地"，是指房地产的坐落地。不论纳税人的机构所在地、经营所在地、居住所在地设在何处，均应在房地产的所在地申报纳税，详见图 8-7。

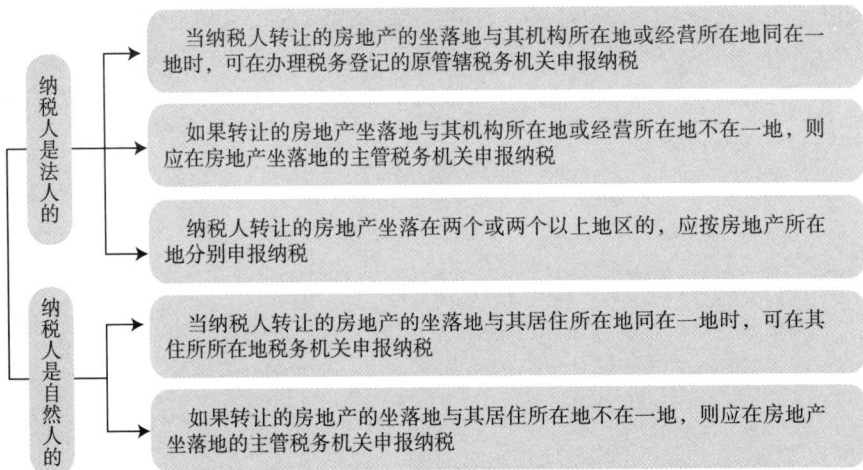

图8-7 土地增值税的纳税地点

8.6.3 土地增值税的纳税申报如何办理

根据《土地增值税暂行条例》的规定，纳税人应自转让房地产合同签订之日起 7 日内，向房地产所在地的主管税务机关办理纳税申报同时向税务机关提交房屋及建筑物产权、土地使用权证书、土地转让、房产买卖合同、房地产评估报告及其他与转让房地产有关的资料，然后在税务机关核定的期限内缴纳土地增值税。纳税人因经常发生转让房地产行为而难以在每次转让后申报的可按月或按各省、自治区、直辖市和计划单列市地方税务局规定的期限缴纳。纳税人选择定期申报方式的，应向纳税所在地的地方税务机关备案，定期申报方式确定后，一年之内不得变更。纳税人按规定办理纳税手续后，持纳税凭证到房产、土地管理部门办理产权变更手续。

8.6.4 土地增值税纳税申报表如何填写

土地增值税纳税申报表详见表 8-3。

表 8-3　土地增值税纳税申报表

土地增值税纳税申报表（一）

（从事房地产开发的纳税人适用）

税款所属时间：　　年　月　　日　　　　　填表日期：　　　年　月　　日
金额单位：元（列至角分）　　　　　　　　　　　面积单位：平方米

计算机代码			纳税人名称		
项目名称			项目地址		
业别		登记注册类型		纳税人地址		邮政编码	
开户银行		银行账号		主管部门		电话	

项目	行次	金额
一、转让房地产收入总额 1+2+3	1	
其中　货币收入	2	
实物收入及其他收入	3	
二、扣除项目金额合计 4+5+6+13+16+20	4	
1. 取得土地使用权所支付的金额	5	

续表

2.房地产开发成本 6+7+8+9+10+11+12		6	
其中	土地征用及拆迁补偿费	7	
	前期工程费	8	
	建筑安装工程费	9	
	基础设施费	10	
	公共配套设施费	11	
	开发间接费用	12	
3.房地产开发费用 13+14+15		13	
其中	利息支出	14	
	其他房地产开发费用	15	
4.与转让房地产有关的税金等 16+17+18+19		16	
其中	增值税	17	
	城市维护建设税	18	
	教育费附加	19	
5.财政部规定的其他扣除项目		20	
三、增值额 21+1-4		21	
四、增值额与扣除项目金额之比（%）22+21÷4		22	
五、适用税率（%）		23	
六、速算扣除系数（%）		24	
七、应缴土地增值税税额 25+21+23-4+24		25	
八、已缴土地增值税税额		26	
九、应补（退）土地增值税税额 27+25-26		27	
十、累计欠税余额		28	
十一、欠缴滞纳金		29	

纳税人声明	我单位所申报的各种税（费）款真实、准确，如有虚假内容，愿承担法律责任。 办税员： 法定代表人（负责人）： （章） 年 月 日	授权人声明	现委托　　　为我单位纳税申报代理人。 委托合同号码： 授权人（法定代表人）： 年 月 日	代理人声明	本纳税申报是按照国家税法和税务机关规定填报的，我确信其真实、合法。 代理人： 代理机构（公章） 年 月 日
以下由税务机关填写					
受理人： （征税专用章） 受理日期：　　年　月　日			稽核人员： 稽核日期：　　年　月　日		

土地增值税纳税申报表（二）

税款所属时间： 年 月 日 填表日期： 年 月 日
金额单位：元（列至角分） 面积单位：平方米

计算机代码				纳税人名称			
项目名称				项目地址			
业别		登记注册类型		纳税人地址		邮政编码	
开户银行		银行账号		主管部门		电话	

项目	行次	金额
一、转让房地产收入总额 1+2+3	1	
其中 货币收入	2	
实物收入及其他收入	3	
二、扣除项目金额合计 4+5+6+9	4	
1.取得土地使用权所支付的金额	5	
2.旧房及建筑物的评估价格 6+7+8	6	
其中 旧房及建筑物的重置成本价	7	
成新度折扣率	8	
3.与转让房地产有关的税金等 9+10+11+12+13	9	
其中 增值税	10	
城市维护建设税	11	
印花税	12	
教育费附加	13	
三、增值额 14+1-4	14	
四、增值额与扣除项目金额之比（%）15 = 14÷4	15	
五、适用税率（%）	16	
六、速算扣除系数（%）	17	
七、应缴土地增值税税额 18+14+16-4+17	18	
八、累计欠税余额	19	

续表

九、欠缴滞纳金			20	
纳税人声明	我单位所申报的各种税（费）款真实、准确，如有虚假内容，愿承担法律责任。 办税员： 法定代表人（负责人）： （章） 年 月 日	授权人声明	现委托　　　　为我单位纳税申报代理人。 委托合同号码： 授权人（法定代表人）： 年 月 日	代理人声明	本纳税申报是按照国家税法和税务机关规定填报的，我确信其真实、合法。 代理人： 代理机构（公章） 年 月 日
以下由税务机关填写				
受理人： （征税专用章） 受理日期：　　年 月 日		稽核人员： 稽核日期：　　年 月 日		

9 印花税
——签订凭证也要纳税

看看印花税的起源吧，公元1624年，荷兰政府发生经济危机，财政困难。当时执掌政权的统治者摩里斯（Maurs）为了解决财政上的资金需求，拟提出用增加税收的办法来解决支出的困难，但又怕人民反对，便要求大臣们出谋献策。众大臣议来议去，就是想不出两全其美的妙法来。于是，荷兰的统治阶级就采用公开招标办法，以重赏来寻求新税设计方案，谋求敛财之妙策。印花税，就是从千万个应征者设计的方案中精选出来的"杰作"。

1624年印花税第一次在荷兰出现，由于其"取微用宏"，简便易行，欧美各国竞相效法。丹麦在1660年、法国在1665年、部分北美地区在1671年、奥地利在1686年、英国在1694年先后开征了印花税。它在不长的时间内，就成为世界上普遍征收的一个税种，在国际上盛行。英国的哥尔柏（Kolebe）说过："税收这种技术，就是拔最多的鹅毛，听最少的鹅叫。"印花税就是这种具有"听最少的鹅叫"特点的税种。

到底印花税是怎样做到"听最少的鹅叫"的呢？学完这章你将能找到答案。

9.1 认识印花税与印花税票

9.1.1 什么是印花税，印花税有哪些特点

印花税是对经济活动和经济交往中书立、领受的应税经济凭证所征收的一种税。因纳税人主要是通过在应税凭证上粘贴印花税票来完成纳税义务，故名印花税。印花税的概念及特点如图9-1所示。

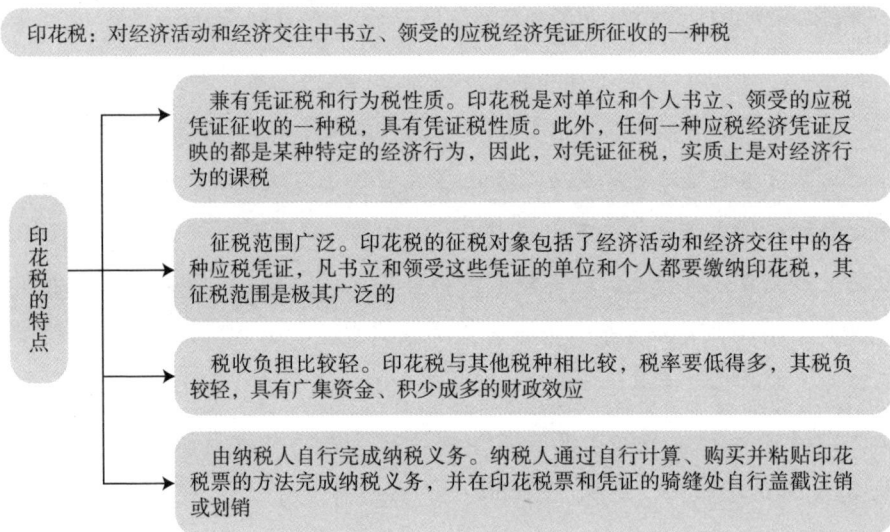

印花税：对经济活动和经济交往中书立、领受的应税经济凭证所征收的一种税

印花税的特点	兼有凭证税和行为税性质。印花税是对单位和个人书立、领受的应税凭证征收的一种税，具有凭证税性质。此外，任何一种应税经济凭证反映的都是某种特定的经济行为，因此，对凭证征税，实质上是对经济行为的课税
	征税范围广泛。印花税的征税对象包括了经济活动和经济交往中的各种应税凭证，凡书立和领受这些凭证的单位和个人都要缴纳印花税，其征税范围是极其广泛的
	税收负担比较轻。印花税与其他税种相比较，税率要低得多，其税负较轻，具有广集资金、积少成多的财政效应
	由纳税人自行完成纳税义务。纳税人通过自行计算、购买并粘贴印花税票的方法完成纳税义务，并在印花税票和凭证的骑缝处自行盖戳注销或划销

图9-1 印花税的概念及特点

9.1.2 什么是印花税票，如何购买印花税票

9.1.2.1 什么是印花税票

印花税票是缴纳印花税的完税凭证，由国家税务总局负责监制。其票面

金额以人民币为单位，分为壹角、贰角、伍角、壹元、贰元、伍元、拾元、伍拾元、壹佰元九种。缴纳印花税时，按照规定的应纳税额，购买并粘贴相同金额的印花税票，就完成了印花税的缴纳。

9.1.2.2 印花税票的鉴别

印花税票为有价证券，各地税务机关应按照国家税务总局的管理办法严格管理。新版印花税票采用了全面的防伪措施（图9-2），大家在购买时，需要认真鉴别。

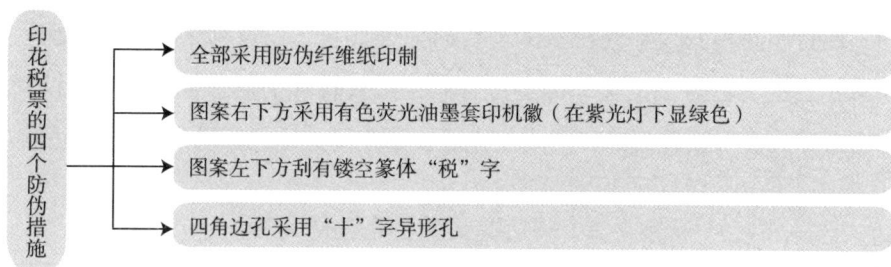

印花税票的四个防伪措施

- 全部采用防伪纤维纸印制
- 图案右下方采用有色荧光油墨套印机徽（在紫光灯下显绿色）
- 图案左下方刮有镂空篆体"税"字
- 四角边孔采用"十"字异形孔

图9-2 印花税票的防伪措施

9.1.2.3 印花税票的代售

印花税票可以委托单位或个人代售，并由税务机关付给5%的手续费，支付来源从实征印花税款中提取。税务机关和代售单位应共同做好代售印花税票的工作，一般需要经历以下的步骤（图9-3）。

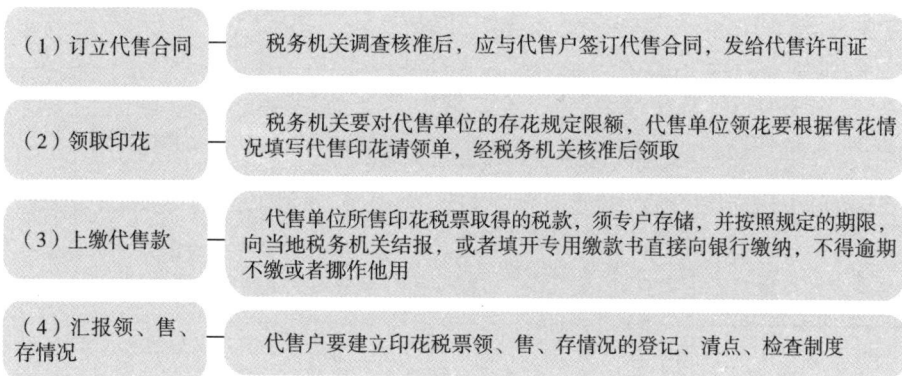

（1）订立代售合同	税务机关调查核准后，应与代售户签订代售合同，发给代售许可证
（2）领取印花	税务机关要对代售单位的存花规定限额，代售单位领花要根据售花情况填写代售印花请领单，经税务机关核准后领取
（3）上缴代售款	代售单位所售印花税票取得的税款，须专户存储，并按照规定的期限，向当地税务机关结报，或者填开专用缴款书直接向银行缴纳，不得逾期不缴或者挪作他用
（4）汇报领、售、存情况	代售户要建立印花税票领、售、存情况的登记、清点、检查制度

图9-3 代售印花税票的主要步骤

9.2 印花税的征税范围和税率

9.2.1 印花税的征税范围包括哪些

现行印花税只对印花税条例列举的凭证征收，没有列举的凭证不征税。列举正式的凭证分为五类，即经济合同、产权转移书据、营业账簿、权利、许可证照和经财政部门确认的其他凭证。印花税具体的征税范围见表9-1。

表9-1　印花税具体征税范围一览表

序号	税目	概念	具体内容
1	经济合同	合同指当事人之间为实现一定目的，经协商一致，明确当事人各方权利、义务关系的协议。以经济业务活动作为内容的合同，通常称为经济合同	（1）购销合同。 （2）加工承揽合同。 （3）建设工程勘察设计合同。 （4）建筑安装工程承包合同。 （5）财产租赁合同。 （6）货物运输合同。 （7）仓储保管合同。 （8）借款合同。 （9）财产保险合同。 （10）技术合同
2	产权转移书据	在产权买卖、交换、继承、赠与、分割等产权主体变更过程中，由产权出让人与受让人之间所订立的民事法律文书	包括财产所有权、版权、商标专用权、专利权、专有技术使用权共五项产权的转移书据
3	营业账簿	按照财务会计制度的要求设置的，反映生产经营活动的账册	包括记载资金的账簿（简称资金账簿）和其他营业账簿两类
4	权利、许可证照	政府授予单位、个人某种法定权利和准予从事特定经济活动的各种证照的统称	包括政府部门发给的房屋产权证、工商营业执照、商标注册证、专利证、土地使用证等
5	经财政部门确定征税的其他凭证		

9.2.2 印花税的税率是怎样规定的

现行印花税采用比例税率和定额税率两种税率。

9.2.2.1 比例税率

印花税的比例税率分为四档，即 0.05‰，0.3‰，0.5‰，1‰。其具体规定见表 9-2。

表 9-2 印花税的比例税率表

适用 0.05‰ 税率的	借款合同
适用 0.3‰ 税率的	购销合同、建筑安装工程承包合同、技术合同
适用 0.5‰ 税率的	加工承揽合同、建筑工程勘察设计合同、货物运输合同、产权转移书据、营业账簿税目中记载资金的账簿
适用 1‰ 税率的	财产租赁合同、仓储保管合同、财产保险合同、股权转让书据，包括 A 股和 B 股

印花税的税目税率明细表详见表 9-3。

表 9-3 印花税的税目税率明细表

税目	范围	税率	纳税人	说明
（1）购销合同	包括供应、预购、采购、购销结合及协作、调剂、补偿、易货等合同	按购销金额 0.3‰ 贴花	立合同人	—
（2）加工承揽合同	包括加工、定做、修缮、修理、印刷广告、测绘、测试等合同	按加工或承揽收入 0.5‰ 贴花	立合同人	—
（3）建设工程勘察设计合同	包括勘察、设计合同	按收取费用 0.5‰ 贴花	立合同人	—
（4）建筑安装工程承包合同	包括建筑、安装工程承包合同	按承包金额 0.3‰ 贴花	立合同人	—

续表

税目	范围	税率	纳税人	说明
（5）财产租赁合同	包括租赁房屋、船舶、飞机、机动车辆、机械、器具、设备等合同	按租赁金额1‰贴花。税额不足1元，按1元贴花	立合同人	—
（6）货物运输合同	包括民用航空运输、铁路运输、海上运输、内河运输、公路运输和联运合同	按运输费用0.5‰贴花	立合同人	单据作为合同使用的，按合同贴花
（7）仓储保管合同	包括仓储、保管合同	按仓储保管费用1‰贴花	立合同人	仓单或栈单作为合同使用的，按合同贴花
（8）借款合同	银行及其他金融组织和借款人（不包括银行同业拆借）所签订的借款合同	按借款金额0.05‰贴花	立合同人	单据作为合同使用的，按合同贴花
（9）财产保险合同	包括财产、责任、保证、信用等保险合同	按收取保险费1‰贴花	立合同人	单据作为合同使用的，按合同贴花
（10）技术合同	包括技术开发、转让、咨询、服务等合同	按所记载金额0.3‰贴花	立合同人	—
（11）产权转移书据	包括财产所有权和版权、商标专用权、专利权、专有技术使用权等转移书据、土地使用权出让合同、土地使用权转让合同、商品房销售合同	按所记载金额0.5‰贴花	立据人	—
（12）营业账簿	生产、经营用账册	记载资金的账簿，按实收资本和资本公积的合计金额0.5‰贴花。其他账簿按件贴花5元	立账簿人	—
（13）权利、许可证照	包括政府部门发给的房屋产权证、工商营业执照、商标注册证、专利证、土地使用证	按件贴花5元	领受人	—

9.2.2.2　定额税率

在印花税的 13 个税目中，适用定额税率的是权利许可证照和营业账簿税目中的其他账簿，单位税额均为每件 5 元。

9.2.2.3　适用税率的特殊要求

在确定适用税率时，如果一份合同载有一个或几个经济事项的，可以同时适用一个或几个税率分别计算贴花。但属于同一笔金额或几个经济事项金额未分开的，应按其中一个较高税率计算纳税，而不是分别按多种税率贴花。

9.3　印花税的纳税人

哪些人需要缴纳印花税？

凡在我国境内书立、领受属于征税范围内所列凭证的单位和个人，都是印花税的纳税义务人。包括各类企业、事业、机关、团体、部队，以及中外合资经营企业、合作经营企业、外资企业、外国公司企业和其他经济组织及其在华机构等单位和个人。按照征税项目划分的具体纳税人如图 9-4 所示。

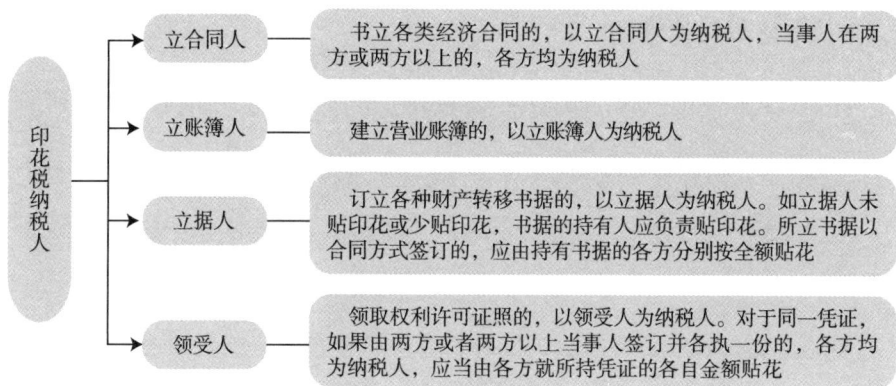

图9-4　印花税的纳税人

9.4 如何计算印花税

9.4.1 印花税的计税依据如何确定

印花税的计税依据，按照税目的不同，主要分为两种，第一是从价计税，如经济合同、产权转移书据、记载资金的营业账簿等，按照所载金额的一定比例计算应纳税款；另一种是从量计税，按照许可证照，未记载资金的其他营业账簿等，按照其件数按照固定金额计算应纳税额。印花税计税依据的确定如图 9-5 所示。

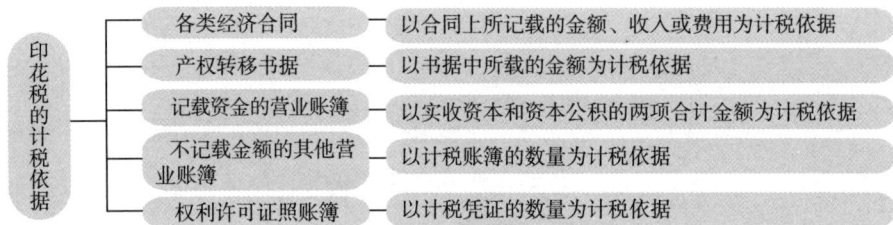

图9-5 印花税计税依据的确定

9.4.2 印花税如何计算

按照计税依据的不同，印花税的计算方法也分为两种，具体如图9-6所示。

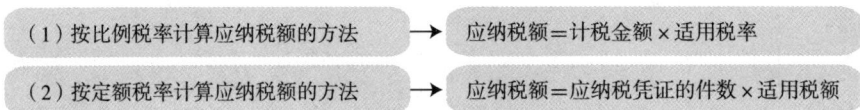

图9-6 印花税的计算

除过掌握印花税的计算公式之外，计算印花税的应纳税额还应当注意以下的问题，详见图 9-7。

计算印花税应纳税额应注意的问题

（1）按金额比例贴花的应税凭证，未标明金额的，应按照凭证所载数量及市场价格计算金额，依适用税率贴足印花

（2）应税凭证所载金额为外国货币的，按凭证书立当日的国家外汇管理局公布的外汇牌价折合人民币，计算应纳税额

（3）同一凭证由两方或者两方以上当事人签订并各执一份的，应当由各方就所执的一份各自全额贴花

（4）同一凭证因载有两个或两个以上经济事项而适用不同税率，如分别载有金额的，应分别计算应纳税额，相加后按合计税额贴花；如未分别记载金额的，按税率高的计税贴花

（5）已贴花的凭证，修改后所载金额增加的，其增加部分应当补贴印花税票

（6）按比例税率计算纳税而应纳税额又不足1角的，免纳印花税；应纳税额在1角以上的，其税额尾数不满5分的不计，满5分的按1角计算贴花。对财产租赁合同的应纳税额超过1角但不足1元的，按1元贴花

图9-7　计算印花税的应纳税额应当注意的问题

案例分析9-1：印花税应纳税额的计算

　　兴华公司2019年2月开业，领受房产权证、工商营业执照、土地使用证各一件，与其他企业订立转移专用技术使用权书据一件，所载金额180万元；订立产品购销合同两件，所载金额为50万元；订立借款合同一份，所载金额为20万元。此外，企业的营业账簿中，"实收资本"科目载有资金600万元，其他营业账簿20本。2019年12月该企业"实收资本"所载资金增加为800万元。试计算该企业2019年2月份应纳印花税额和12月份应补缴印花税额。

　　（1）企业领受权利、许可证照应纳税额：

$$应纳税额 =3 \times 5=15（元）$$

　　（2）企业订立产权转移书据应纳税额：

$$应纳税额 =1800000 \times 0.5‰=900（元）$$

（3）企业订立购销合同应纳税额：

$$应纳税额 =500000 × 0.3‰=150 （元）$$

（4）企业订立借款合同应纳税额：

$$应纳税额 =200000 × 0.05‰=10 （元）$$

（5）企业营业账簿中"实收资本"所载资金：

$$应纳税额 =6000000 × 0.5‰=3000 （元）$$

（6）企业其他营业账册应纳税额：

$$应纳税额 =20 × 5=100 （元）$$

（7）2月份企业应纳印花税税额为：

$$15+900+150+10+3000+100=4175 （元）$$

（8）12月份资金账簿应补缴税额为：

$$应补纳税额 = （8000000-6000000） × 0.5‰=1000 （元）$$

9.5 印花税的税收优惠政策

印花税有哪些税收优惠？

根据《印花税暂行条例》及其实施细则和其他有关税法的规定，下列凭证免纳印花税（图9-8）。

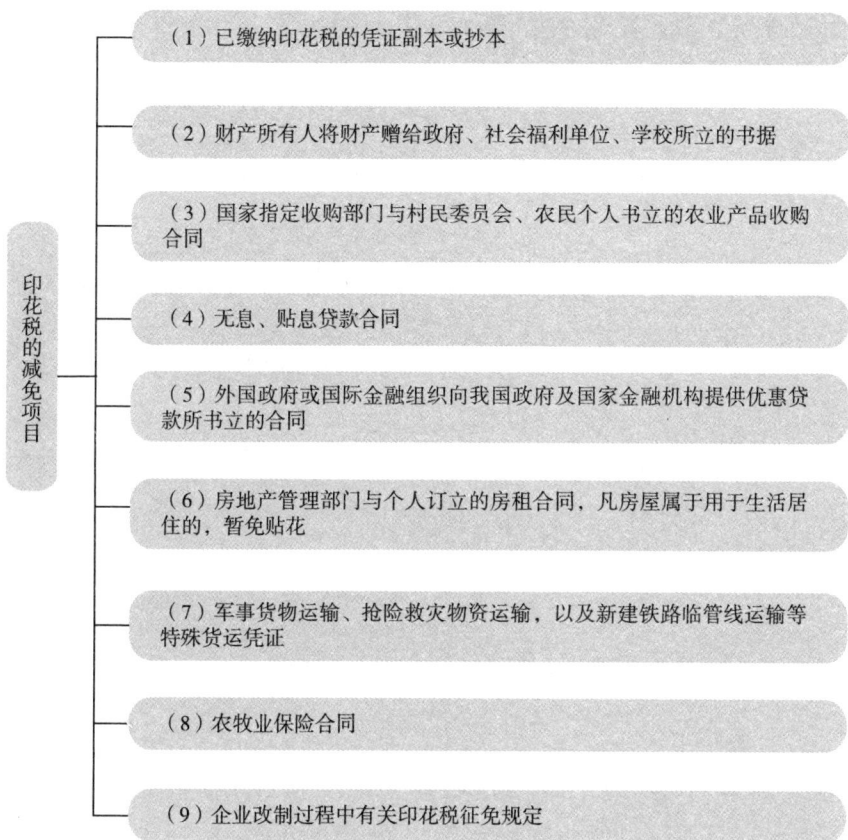

```
印花税的减免项目
├─ （1）已缴纳印花税的凭证副本或抄本
├─ （2）财产所有人将财产赠给政府、社会福利单位、学校所立的书据
├─ （3）国家指定收购部门与村民委员会、农民个人书立的农业产品收购合同
├─ （4）无息、贴息贷款合同
├─ （5）外国政府或国际金融组织向我国政府及国家金融机构提供优惠贷款所书立的合同
├─ （6）房地产管理部门与个人订立的房租合同，凡房屋属于用于生活居住的，暂免贴花
├─ （7）军事货物运输、抢险救灾物资运输，以及新建铁路临管线运输等特殊货运凭证
├─ （8）农牧业保险合同
└─ （9）企业改制过程中有关印花税征免规定
```

图9-8 印花税的减免项目

9.6 印花税的征收管理

9.6.1 印花税的纳税办法是怎样规定的

印花税的纳税方法较其他税种不同，其特点是由纳税人根据税法规定，自行计算应纳税额，自行购买印花税票，自行完成纳税义务。同时，对特殊

情形采取特定的纳税贴花方法（图9-9）。

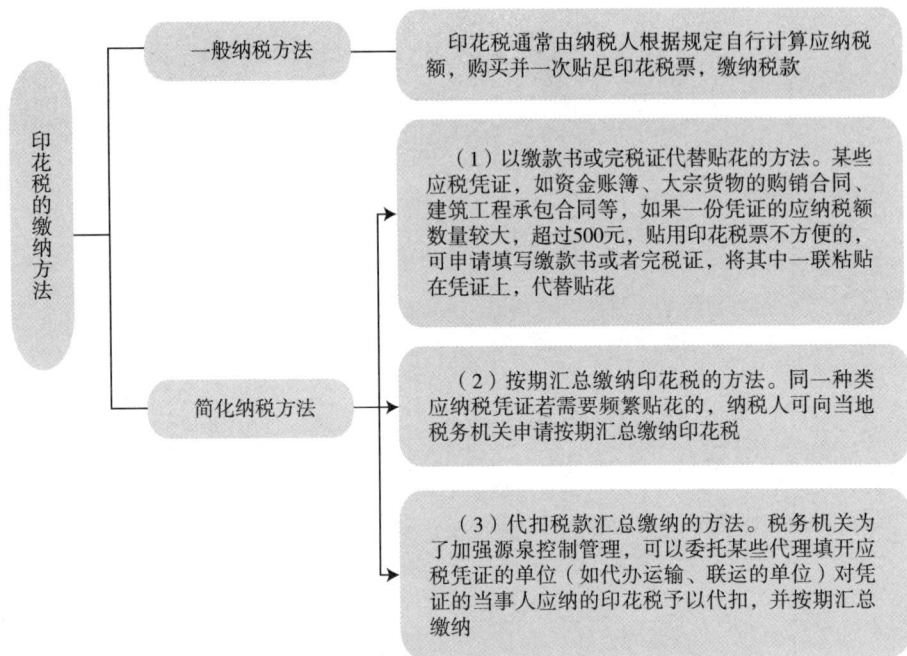

图9-9　印花税的缴纳方法

纳税人贴花时，必须遵照以下规定办理纳税事宜。

（1）在应纳税凭证书立或领受时即行贴花完税，不得延至凭证生效日期贴花。

（2）印花税票应粘贴在应纳税凭证上，并由纳税人在每枚税票的骑缝处盖戳注销或画销，严禁揭下重用。

（3）已经贴花的凭证，凡修改后所载金额增加的部分，应补贴印花。

（4）对已贴花的各类应纳税凭证，纳税人须按规定期限保管，不得私自销毁，以备纳税检查。

（5）凡多贴印花税票者，不得申请退税或者抵扣。

（6）纳税人对凭证不能确定是否应当纳税的，应及时携带凭证，到当地税务机关鉴别。

（7）纳税人同税务机关对凭证的性质发生争议的，应检附该凭证报请上一级税务机关核定。

（8）纳税人对纳税凭证应妥善保存。凭证的保存期限，凡国家已有明确规定的，按规定办理；其他凭证均应在履行纳税义务完毕后保存 1 年。

9.6.2 印花税的纳税环节

印花税应当在书立或领受时贴花。具体是指，在合同签订时、账簿启用时和证照领受时贴花。如果合同是在国外签订，并且不便在国外贴花的，应在将合同带入境时办理贴花纳税手续。

9.6.3 印花税的纳税地点

印花税一般实行就地纳税。对于在全国性商品物资订货会（包括展销会、交易会等）上所签订合同应纳的印花税，由纳税人回其所在地后及时办理贴花完税手续；对地方主办、不涉及省际关系的订货会、展销会上所签合同的印花税，其纳税地点由各省、自治区、直辖市人民政府自行规定。

9.6.4 印花税的违规行为如何处罚

印花税实行轻税重罚政策。对纳税人不按照税法规定纳税的，应区别不同情况给予处罚（图 9-10）。

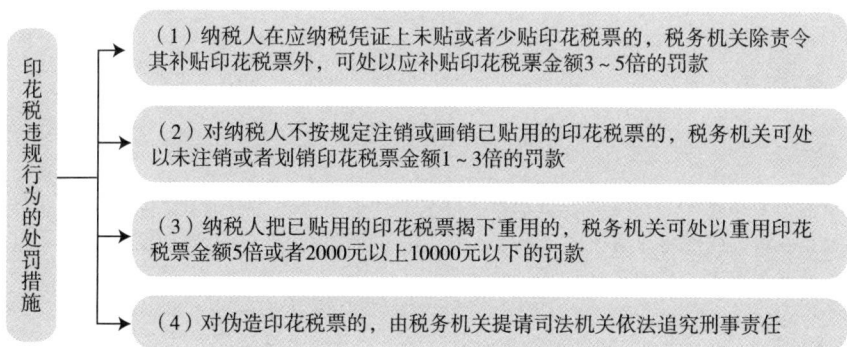

图9-10　印花税违规行为的处罚措施

9.6.5 如何填报印花税纳税申报表

印花税纳税申报表详见表9-4。

表9-4 印花税纳税申报表

印花税纳税申报表

税务计算机代码：

税款所属日期　　年　月　日—　月　日　　　　　　　单位：元（列至角分）

单位名称				
税目	份数	计税金额	税率	已纳税额
购销合同			0.3‰	
加工承揽合同			0.5‰	
建设工程勘察设计合同			0.5‰	
建筑安装工程承包合同			0.3‰	
财产租赁合同			1‰	
货物运输合同			0.5‰	
仓储保管合同			1‰	
借款合同			0.05‰	
财产保险合同			1‰	
技术合同			0.3‰	
产权转移书据			0.5‰	
账簿 资金账簿			0.5‰	
账簿 其他账簿	件		5元	
权利许可证照	件		5元	
其他				
合计				

根据印花税暂行条例规定应缴纳印花税的凭证在书立和领受时贴花完税，我单位应纳税凭证均已按规定缴纳，本报表中已纳税额栏填写数字与应纳税额是一致的。

经办人（章）：

登记申报单位 （盖章）	企业财务负责人 （盖章）	税务机关受理申报日期： 受理人（章）： 　　　　　年　月　日

10 企业所得税
——国家与企业间的"利润分配"

● 全章概览

　　企业缴纳了前述税后就万事大吉了吗？还有一道大的关卡呢，那便是企业所得税，不过缴纳企业所得税的企业至少可以高兴的一件事便是：缴纳所得税至少证明了有所得，没有亏损。

　　纵观企业所得税的相关规定，我们会发现它是税源非常广的一种税，基本上所有的企业都需要缴纳所得税。正因为涉及面广，所以内容相对复杂，我们在学习的时候千万要静下心来，仔细研读，这样才能有较大的收获。

10.1 认识企业所得税

什么是企业所得税，它具有哪些特点？

从 2008 年 1 月 1 日起，我国实行了合并企业所得税的改革，无论外资企业，还是内资企业，均适用统一的企业所得税。企业所得税是以企业的生产经营所得为计税基数，与其他税种相比，具有以下显著特点（图 10-1）。

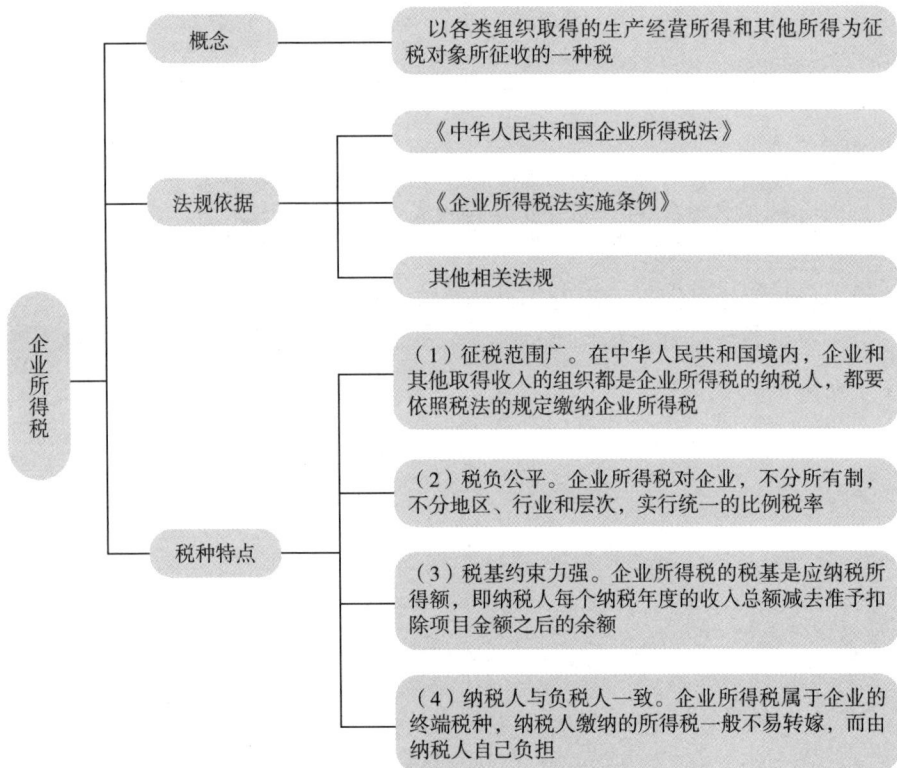

图10-1 企业所得税的概念与特点

10.2 企业所得税的纳税人、征税对象

10.2.1 哪些人需要缴纳企业所得税

企业所得税的纳税义务人是指在中华人民共和国境内的企业和其他取得收入的组织。《企业所得税法》第 1 条规定，除个人独资企业、合伙企业不适用企业所得税法外，在我国境内，企业和其他取得收入的组织（以下统称企业）为企业所得税的纳税人，依照法律规定缴纳企业所得税。

企业所得税的纳税人分为居民企业和非居民企业（图 10-2），这是根据企业纳税义务范围的宽窄进行的分类方法，不同的企业在向中国政府缴纳所得税时，纳税义务不同。把企业分为居民企业和非居民企业，是为了更好地保障我国税收管辖权的有效行使。

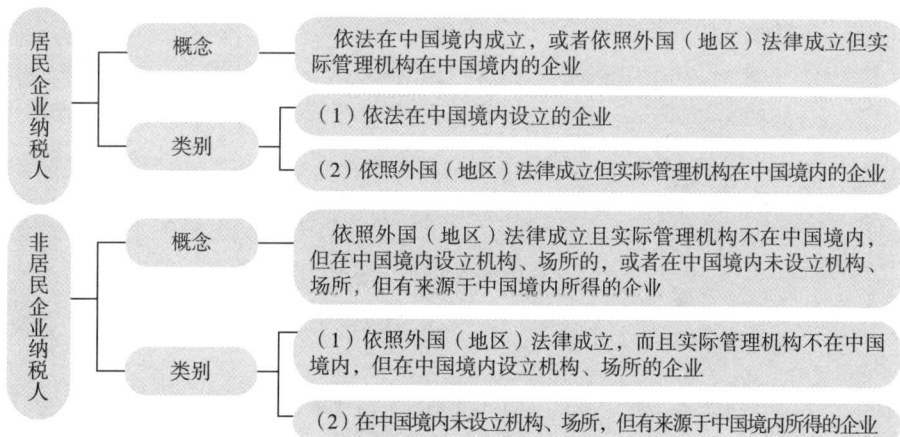

图10-2 居民企业纳税人和非居民企业纳税人

10.2.2 企业所得税的征税对象有哪些

企业所得税的征税对象是指企业的生产经营所得、其他所得和清算所得，具体见图 10-3。

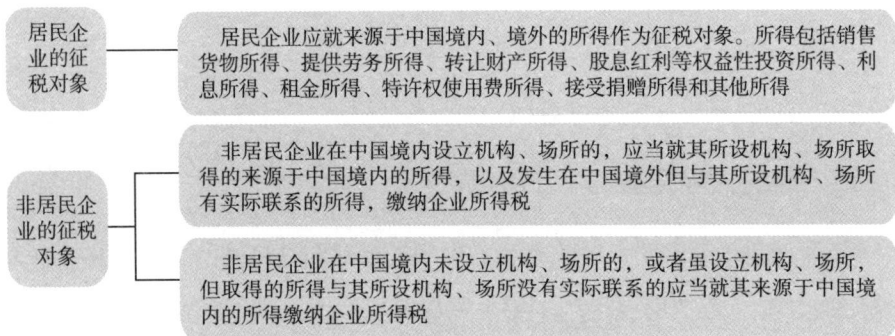

图10-3 企业所得税的征税对象

10.2.3 境内境外所得如何划分

由于居民纳税人和非居民纳税人纳税的范围不同，因此正确地区别每一笔收入是属于境内所得，还是境外所得，对于正确计算应纳税额有着重要的意义。

根据《企业所得税法实施条例》第 7 条的规定，来源于中国境内、境外的所得的划分，具体的原则如图 10-4 所示。

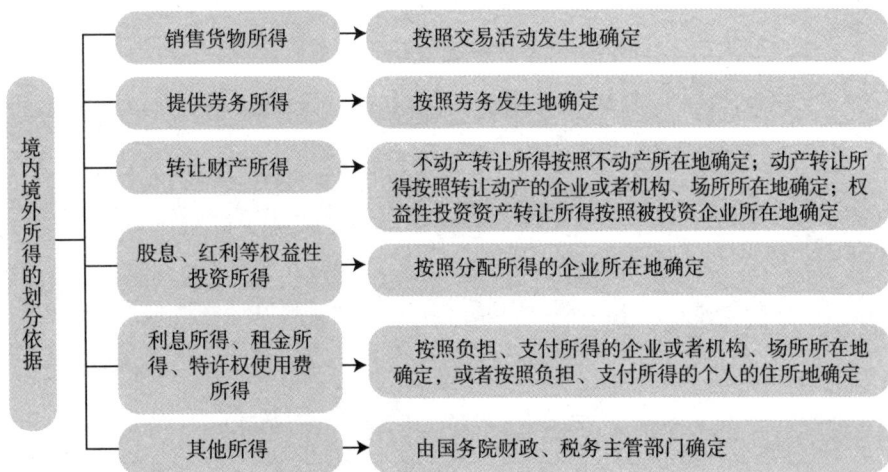

图10-4 境内境外所得划分依据

10.3 企业所得税的征税范围和税率

10.3.1 企业所得税的征税范围包括哪些

对于企业所得税的征税范围，简明扼要地讲，就是纳税人所获得的各项收入。《企业所得税法》规定，企业以货币形式和非货币形式从各种来源取得的收入为征税对象。具体如图 10-5 所示。

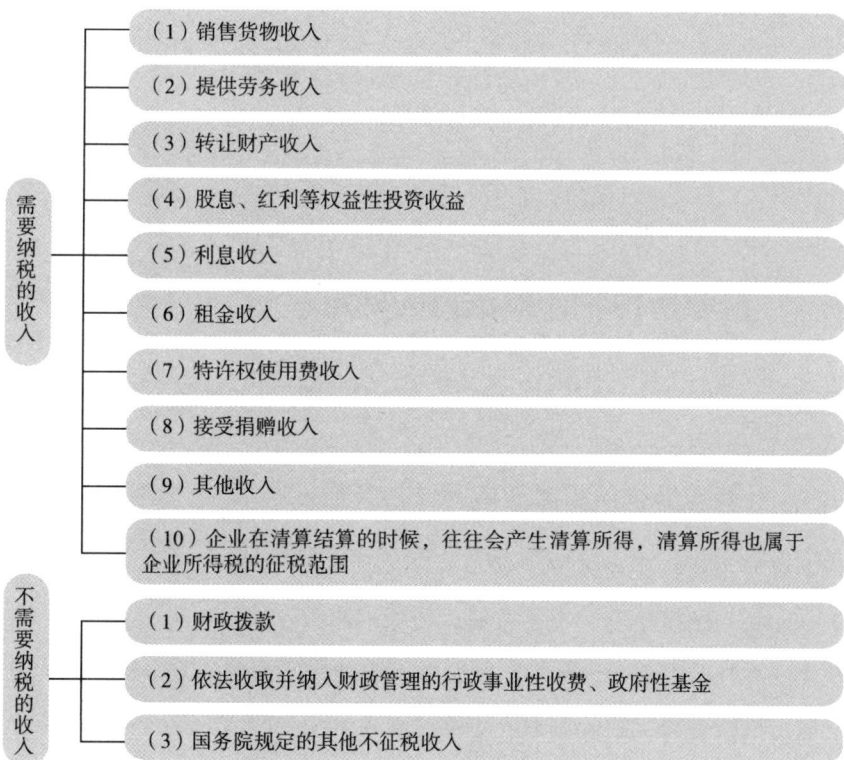

需要纳税的收入
- （1）销售货物收入
- （2）提供劳务收入
- （3）转让财产收入
- （4）股息、红利等权益性投资收益
- （5）利息收入
- （6）租金收入
- （7）特许权使用费收入
- （8）接受捐赠收入
- （9）其他收入
- （10）企业在清算结算的时候，往往会产生清算所得，清算所得也属于企业所得税的征税范围

不需要纳税的收入
- （1）财政拨款
- （2）依法收取并纳入财政管理的行政事业性收费、政府性基金
- （3）国务院规定的其他不征税收入

图10-5 企业所得税的征税范围

10.3.2　企业所得税的税率是怎样规定的

企业所得税实行比例税率。当前企业所得税基本税率为25%，低税率为20%，还有一些税收优惠政策适用更低的税率。具体的规定如图10-6所示。

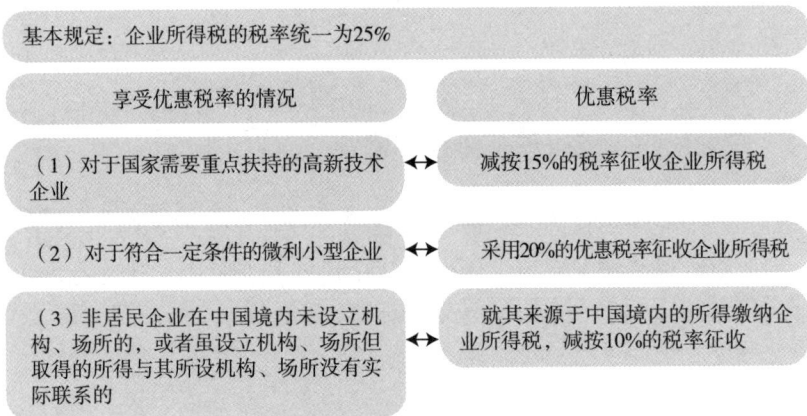

基本规定：企业所得税的税率统一为25%

| 享受优惠税率的情况 | 优惠税率 |

（1）对于国家需要重点扶持的高新技术企业　←→　减按15%的税率征收企业所得税

（2）对于符合一定条件的微利小型企业　←→　采用20%的优惠税率征收企业所得税

（3）非居民企业在中国境内未设立机构、场所的，或者虽设立机构、场所但取得的所得与其所设机构、场所没有实际联系的　←→　就其来源于中国境内的所得缴纳企业所得税，减按10%的税率征收

图10-6　企业所得税的税率

10.4　企业所得税计税依据的确定

10.4.1　计算应纳税所得额应依据什么原则

企业所得税的计税依据，是企业的应纳税所得额。所谓应纳税所得额，是指企业每一纳税年度的收入总额，减除不征税收入、免税收入、各项扣除以及允许弥补的以前年度亏损后的余额。应纳税所得额的基本计算公式是：

应纳税所得额＝收入总额－不征税收入－免税收入－准予扣除项目－允许弥补的以前年度亏损

要正确地计算应纳税所得额，必须注意以下几个原则（图10-7）。

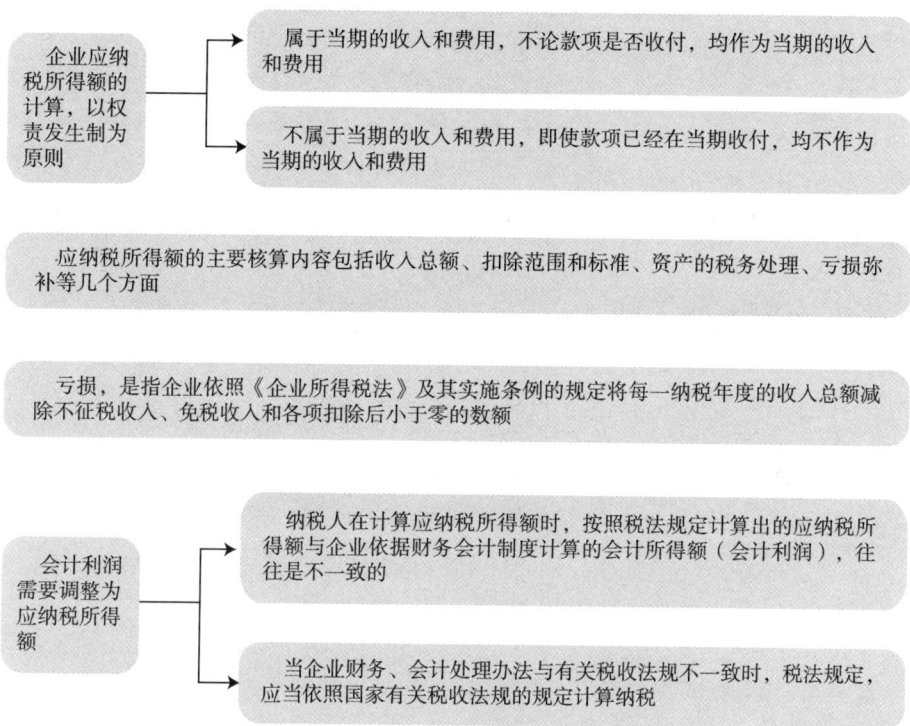

图中内容：

企业应纳税所得额的计算，以权责发生制为原则
- 属于当期的收入和费用，不论款项是否收付，均作为当期的收入和费用
- 不属于当期的收入和费用，即使款项已经在当期收付，均不作为当期的收入和费用

应纳税所得额的主要核算内容包括收入总额、扣除范围和标准、资产的税务处理、亏损弥补等几个方面

亏损，是指企业依照《企业所得税法》及其实施条例的规定将每一纳税年度的收入总额减除不征税收入、免税收入和各项扣除后小于零的数额

会计利润需要调整为应纳税所得额
- 纳税人在计算应纳税所得额时，按照税法规定计算出的应纳税所得额与企业依据财务会计制度计算的会计所得额（会计利润），往往是不一致的
- 当企业财务、会计处理办法与有关税收法规不一致时，税法规定，应当依照国家有关税收法规的规定计算纳税

图10-7 计算应纳税所得额应依据的原则

10.4.2 如何正确地计算企业收入

要正确地计算企业的应纳税所得额，首先是要正确地计算企业的收入总额，供劳务收入，转让财产收入股息、红利等权益性投资收益，利息收入，租金收入，特许权使用费收入，接受捐赠收入，其他收入。企业取得收入的货币形式包括现金、存款、应收账款、应收票据、准备持有至到期的债券投资以及债务的豁免等；纳税人以非货币形式取得的收入，包括固定资产、生物资产、无形资产、股权投资、存货、不准备持有至到期的债券投资、劳务以及有关权益等，这些非货币资产应当按照公允价值确定收入额，公允价值是指按照市场价格确定的价值。收入的具体构成见图 10-8。

	销售货物收入	企业销售商品、产品、原材料、包装物、低值易耗品以及其他存货取得的收入
一般收入的确认	劳务收入	企业从事建筑安装、修理修配、交通运输、仓储租赁、金融保险、邮电通信、咨询经纪、文化体育、科学研究、技术服务、教育培训、餐饮住宿、中介代理、卫生保健、社区服务、旅游、娱乐、加工以及其他劳务服务活动取得的收入
	转让财产收入	企业转让固定资产、生物资产、无形资产、股权、债权等财产取得的收入
	股息红利等权益性投资收益	股息、红利等权益性投资收益，除国务院财政、税务主管部门另有规定外，按照被投资方做出利润分配决定的日期确认收入的实现
	利息收入	按照合同约定的债务人应付利息的日期确认收入的实现
	特许权使用费收入	按照合同约定的特许权使用人应付特许权使用费的日期确认收入的实现
	捐赠收入	接受捐赠收入按照实际收到捐赠资产的日期确认收入的实现
特殊收入的确认	分期收款方式销售货物	以分期收款方式销售货物的，按照合同约定的收款日期确认收入的实现
	受托加工制造生产周期长的产品	企业受托加工制造大型机械设备、船舶、飞机，以及从事建筑、安装、装配工程业务或者提供其他劳务等持续时间超过12个月的按照纳税年度内完工进度或者完成的工作量确认收入的实现
	采取产品分成方式取得收入	采取产品分成方式取得收入的按照企业分得产品的日期确认收入的实现，其收入额按照产品的公允价值确定
	视同销售行为	企业发生非货币性资产交换，以及将货物、财产、劳务用于捐赠、偿债、赞助、集资、广告、样品、职工福利或者利润分配等用途的，应当视同销售货物、转让财产或者提供劳务，但国务院财政、税务主管部门另有规定的除外

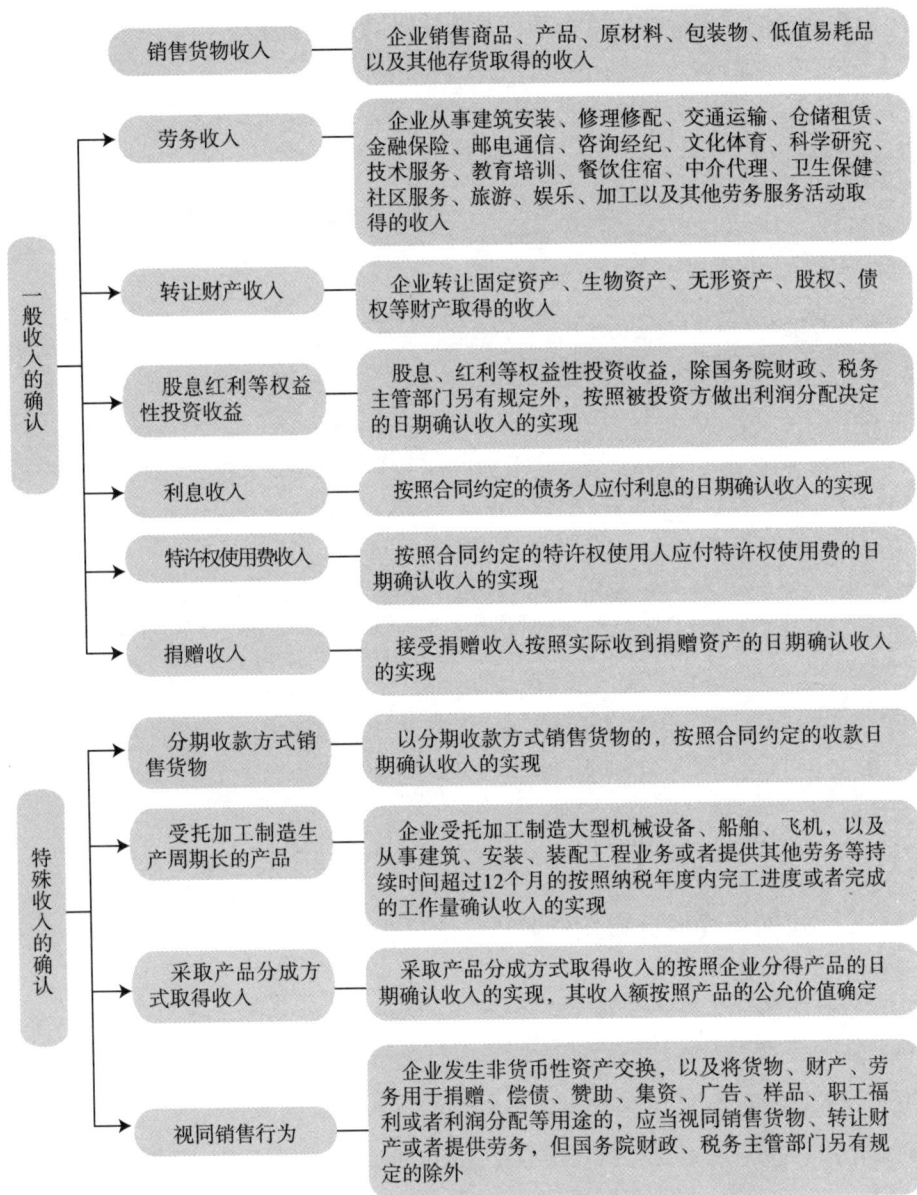

图10-8 企业收入的主要内容

10.4.3 哪些收入不需要征税或免税

国家为了扶持和鼓励某些特殊的纳税人和特定的项目，或者避免因征税影响企业的正常经营，对企业取得的某些收入予以不征税或免税的特殊政策，或准予抵扣应纳税所得额，或者是对专项用途的资金作为非税收入处理，以减轻企业的负担，促进经济的协调发展。不征税和免税收入的主要内容如图10-9所示。

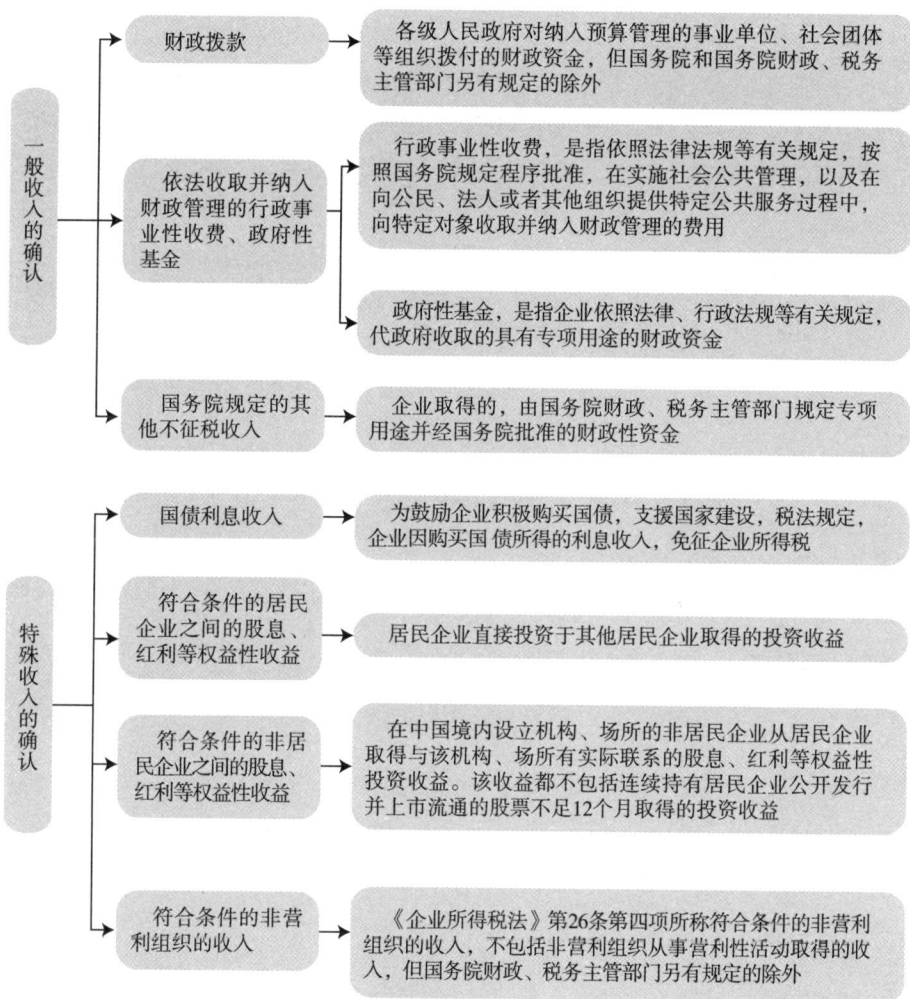

图10-9　不征税和免税收入的主要内容

10.4.4　准予在税前进行扣除的项目

《企业所得税法》第8条规定，企业实际发生的与取得收入有关的、合理的支出，包括成本、费用、税金、损失和其他支出，准予在计算应纳税所得额时扣除（图10-10）。

其中，有关的支出，是指与取得收入直接相关的支出。合理的支出，是指符合生产经营活动常规，应当计入当期损益或者有关资产成本的必要和正常的支出。

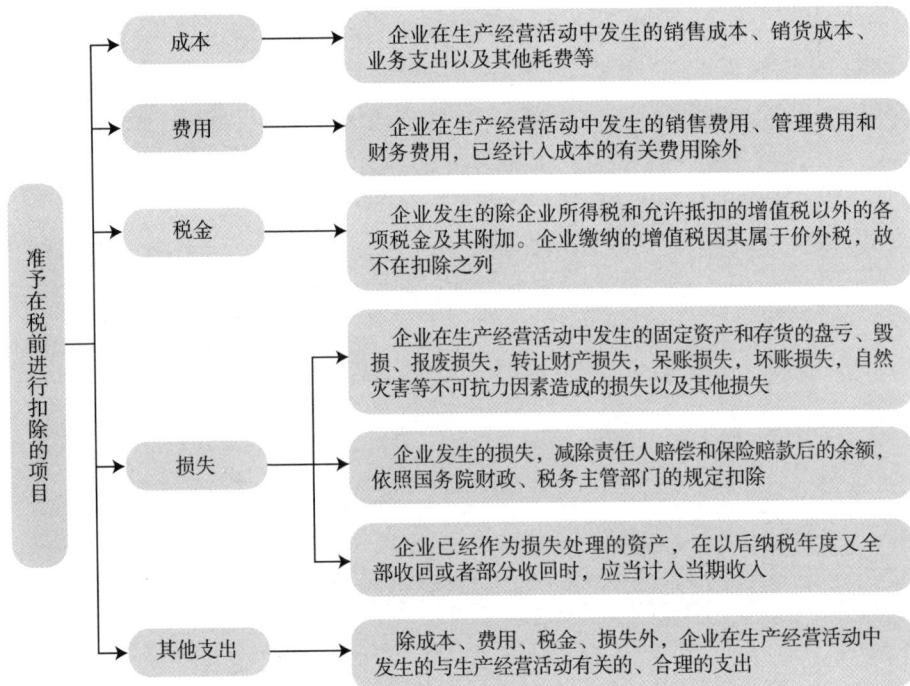

图10-10 准予在税前进行扣除的项目

企业所得税应纳税所得额的计算过程如图 10-11 所示。

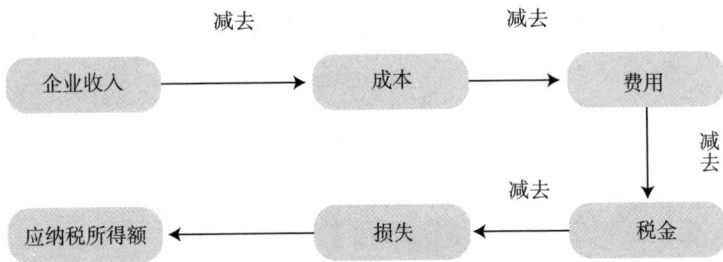

图10-11 企业所得税应纳税所得额计算过程

10.4.5 一些具体的成本、费用项目如何进行扣除

10.4.5.1 工资、薪金支出

在新的企业所得税中，对于工资薪金支出的扣除办法进行了重大改革，由原来的定额扣除，变成了现在的据实扣除，据《企业所得税法实施条例》第 34 条的规定："企业发生的合理的工资薪金支出，准予扣除。"企业工资、薪金支出的减除方法如图 10–12 所示。

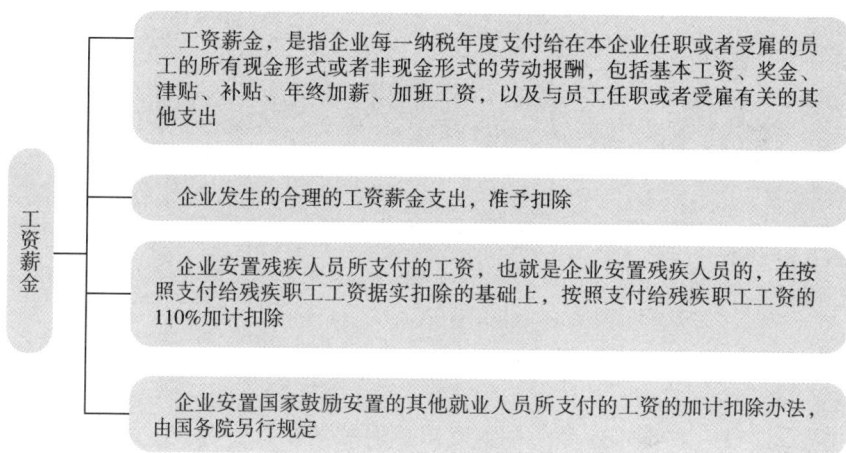

图10–12　企业工资、薪金支出的减除方法

10.4.5.2 社会保险支出

企业社会保险支出的减除方法如图 10–13 所示。

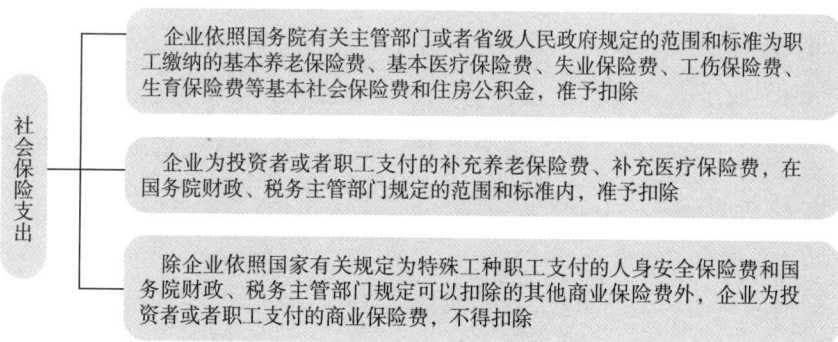

图10–13　企业社会保险支出的减除方法

147

10.4.5.3 企业的借款利息支出

借款费用是纳税人为经营活动的需要承担的、与借入资金相关的利息费用。包括：长期、短期借款的利息；与债券相关的折价或溢价的摊销；安排借款时发生的辅助费用的摊销；与借入资金有关，作为利息费用调整额的外币借款产生的差额。

按照贷款用途的不同，相应的利息支出也划分为两个类别，生产经营中产生的利息支出和构建大型固定资产产生的利息支出，这两种利息支出在计算应纳税所得额时，减除的方法也是不同的（图10-14）。

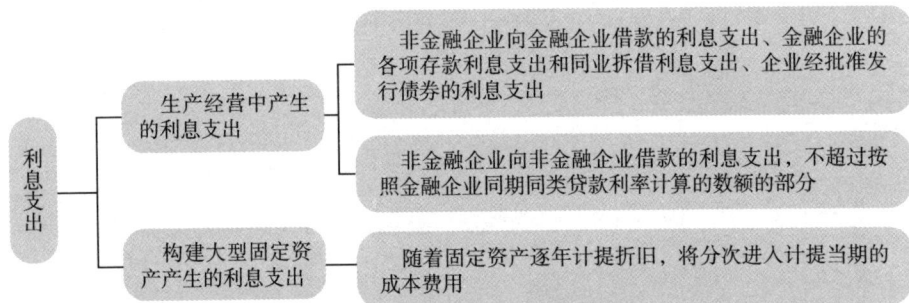

图10-14　企业利息支出减除方法

除此之外，在确定企业的利息支出如何减除时，还应该注意以下两点：

（1）纳税人借款未指明用途的，其借款费用应按经营性活动和资本性支出占用资金的比例，合理计算应计入有关资产成本的借款费用和可直接扣除的借款费用。

（2）企业筹建期间发生的长期借款费用，除购置固定资产、对外投资而发生的长期借款费用外，计入开办费。

10.4.5.4 职工福利费、职工工会经费、职工教育经费支出

企业职工福利费、职工工会经费、职工教育经费支出的减除方法如图10-15所示。

10.4.5.5 业务招待费支出

企业发生的与生产经营活动有关的业务招待费支出，按照发生额的60%扣除，但最高不得超过当年销售（营业）收入的5‰。税前扣除业务招待费支出的条件如图10-16所示。

职工福利费、职工工会经费、职工教育经费支出

企业发生的职工福利费支出，不超过工资薪金总额14%的部分，准予扣除

企业拨缴的工会经费，不超过工资薪金总额2%的部分，准予扣除。建立工会组织的企业、事业单位、社会团体，按每月全部职工工资总额的2%向工会拨交的经费，凭工会组织开具的"工会经费拨缴款专用收据"在税前扣除。凡不能出具"工会经费拨缴款专用收据"的，其提取的职工工会经费不得在企业所得税前扣除

除国务院财政、税务主管部门另有规定外，企业发生的职工教育经费支出，不超过工资薪金总额2.5%的部分，准予扣除；超过部分，准予在以后纳税年度结转扣除

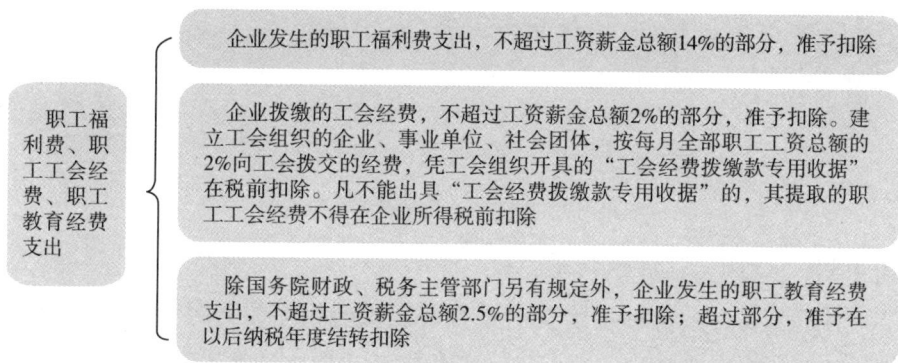

图10-15　企业职工福利费、职工工会经费、职工教育经费支出的减除方法

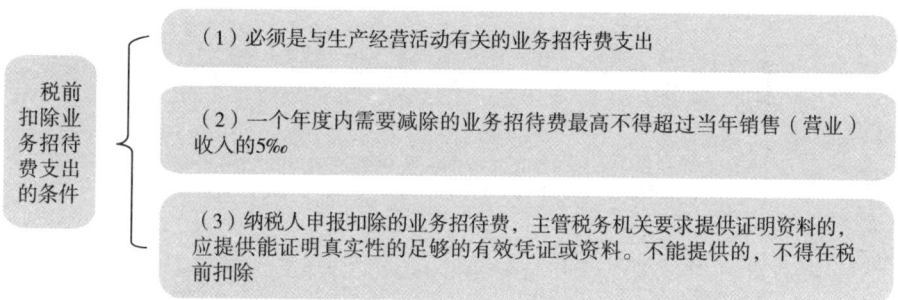

税前扣除业务招待费支出的条件

（1）必须是与生产经营活动有关的业务招待费支出

（2）一个年度内需要减除的业务招待费最高不得超过当年销售（营业）收入的5‰

（3）纳税人申报扣除的业务招待费，主管税务机关要求提供证明资料的，应提供能证明真实性的足够的有效凭证或资料。不能提供的，不得在税前扣除

图10-16　税前扣除业务招待费支出的条件

10.4.5.6　广告费和业务宣传费支出

依据《企业所得税实施条例》的规定，企业发生的符合条件的广告费和业务宣传费支出，除国务院财政、税务主管部门另有规定外，不超过当年销售（营业）收入15%的部分，准予扣除；超过部分，准予在以后纳税年度结转扣除。

10.4.5.7　固定资产租赁费

按照性质不同，固定资产租赁分为经营性租赁和融资性租赁。融资性租赁又称为资本租赁，是指在实质上转移一项资产所有权有关的全部风险和报酬的一种租赁。所有权最终可以转移，也可以不转移。经营性租赁是指所有权不转移的租赁。

企业根据生产经营活动的需要租入固定资产支付的租赁费，按照以下方法扣除（图 10-17）。

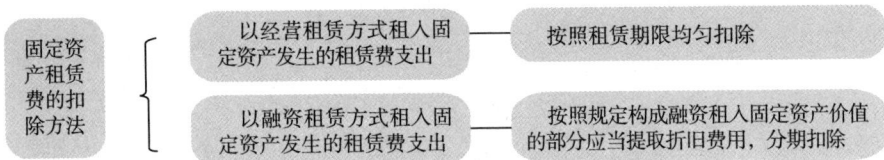

图10-17　固定资产租赁费的扣除方法

10.4.5.8　公益、救济性捐赠支出

对于公益、救济性捐赠支出是否应该税前扣除的问题，《企业所得税法》第9条有明确的规定，对于这条规定，我们应该重点理解以下的问题（图10-18）。

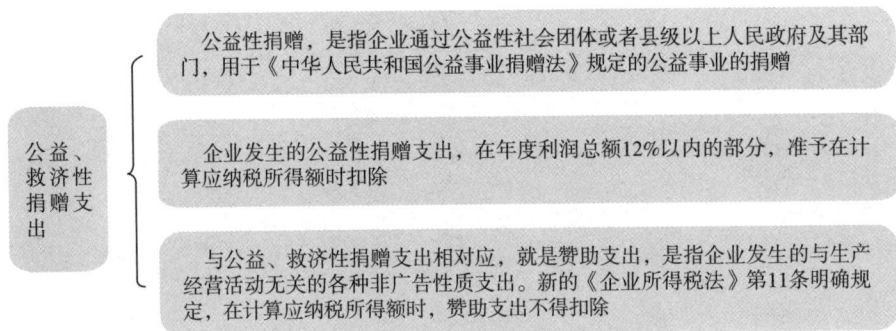

图10-18　公益、救济性捐赠支出的扣除方法

所谓公益性社会团体，是指同时符合下列条件的基金会、慈善组织等社会团体。

（1）依法登记，具有法人资格。

（2）以发展公益事业为宗旨，且不以营利为目的。

（3）全部资产及其增值为该法人所有。

（4）收益和营运结余主要用于符合该法人设立目的的事业。

（5）终止后的剩余财产不归属任何个人或者营利组织。

（6）不经营与其设立目的无关的业务。

（7）有健全的财务会计制度。

（8）捐赠者不以任何形式参与社会团体财产的分配。

（9）国务院财政、税务主管部门会同国务院民政部门等登记管理部门规定的其他条件。

按照规定，企业发生的公益性捐赠支出，不超过年度利润总额 12% 的部分，准予扣除。年度利润总额，是指企业依照国家统一会计制度的规定计算的年度会计利润。

10.4.5.9　坏账损失与坏账准备金

对于呆账损失、坏账损失，《企业所得税法》中将其作为一个大类给予了统一规定："企业发生的损失，减除责任人赔偿和保险赔款后的余额，依照国务院财政、税务主管部门的规定扣除。"

我们结合当前的各种税收法规，总结出以下的几个要点（图 10-19）。

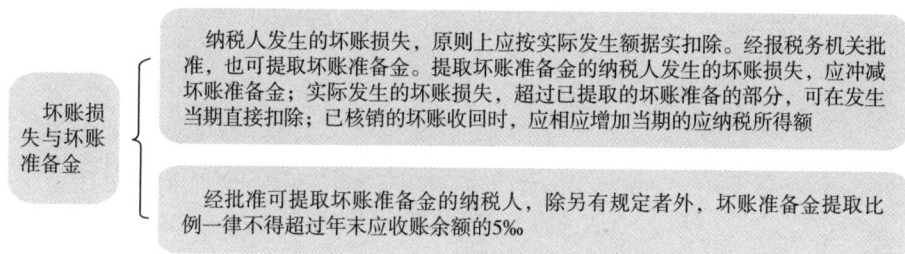

图10-19　坏账损失和坏账准备金的扣除方法

应收账款可作为坏账处理的条件如图 10-20 所示。

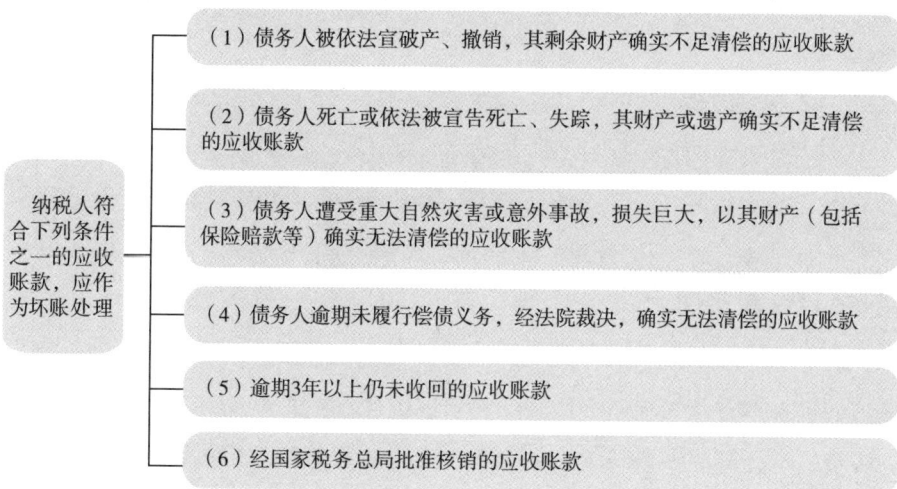

图10-20　应收账款可作为坏账处理的条件一览表

10.4.5.10 汇兑损益

企业在货币交易中，以及纳税年度终了时将人民币以外的货币性资产、负债按照期末即期人民币汇率中间价折算为人民币时产生的汇兑损失，除已经计入有关资产成本以及与向所有者进行利润分配相关的部分外，准予扣除。

10.4.5.11 支付给总机构的管理费

企业之间支付的管理费、企业内营业机构之间支付的租金和特许权使用费，以及非银行企业内营业机构之间支付的利息，不得扣除。

10.4.5.12 保险费用

由于保险在企业的发展中具有越来越重要的意义，税法对各种保险费用能否在计算应纳税所得额予以扣除，进行了详细的规定，具体规定如图 10-21 所示。

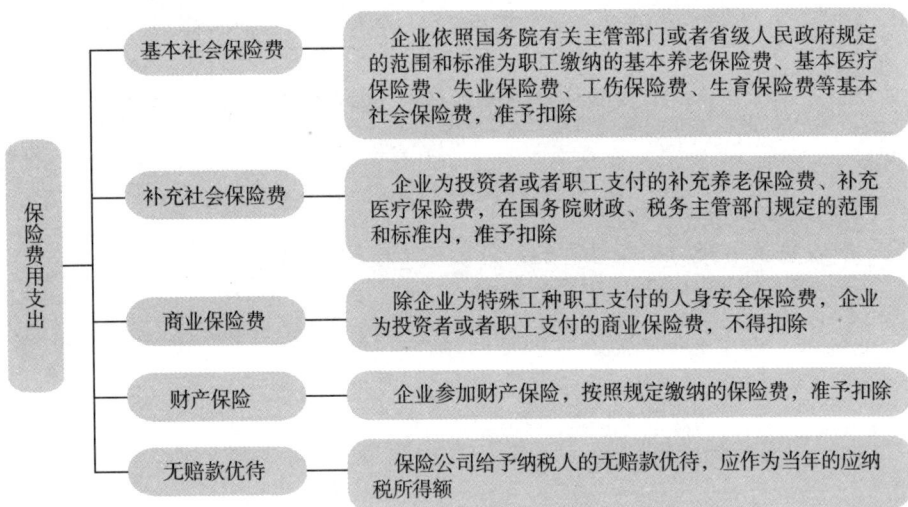

图10-21 保险费用的税务处理

10.4.5.13 会员费

纳税人加入工商业联合会缴纳的会员费，在计算应纳税所得额时准予扣除。纳税人按省及省级以上民政、物价、财政部门批准的标准，向依法成立的协会、学会等社团组织缴纳的会费，经主管税务机关审核后，允许在所得税前扣除。

10.4.5.14 新产品、新技术、新工艺研究开发费用

新产品、新技术、新工艺研究开发费用的扣除方法如图 10-22 所示。

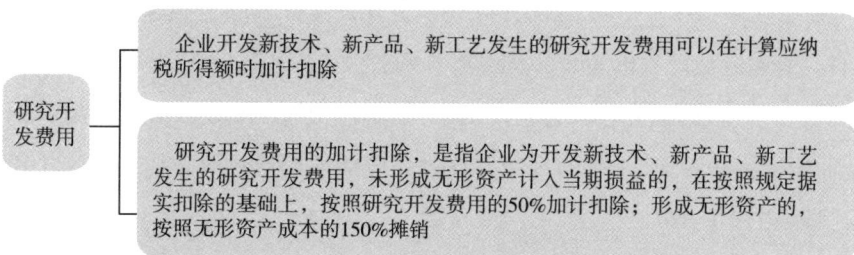

研究开发费用

> 企业开发新技术、新产品、新工艺发生的研究开发费用可以在计算应纳税所得额时加计扣除

> 研究开发费用的加计扣除，是指企业为开发新技术、新产品、新工艺发生的研究开发费用，未形成无形资产计入当期损益的，在按照规定据实扣除的基础上，按照研究开发费用的50%加计扣除；形成无形资产的，按照无形资产成本的150%摊销

图10-22 新产品、新技术、新工艺研究开发费用的扣除方法

10.4.5.15 差旅费、会议费、董事会费

纳税人发生的与其经营活动有关的合理的差旅费、会议费、董事会费，主管税务机关要求提供证明资料的，应能够提供证明其真实性的合法凭证，否则，不得在税前扣除。

差旅费的证明材料应包括：出差人员姓名、地点、时间、任务、支付凭证等。

会议费证明材料应包括：会议时间、地点、出席人员、内容、目的、费用标准、支付凭证等。

10.4.5.16 佣金

纳税人发生的佣金符合下列条件的，可计入销售费用。

（1）有合法真实凭证。

（2）支付的对象必须是独立的有权从事中介服务的纳税人或个人（支付对象不含本企业雇员）。

（3）支付给个人的佣金，除另有规定者外，不得超过服务金额的 5%。

10.4.5.17 劳动保护

企业发生的合理的劳动保护支出，准予扣除。劳动保护支出是指确因工作需要为雇员配备或提供工作服、手套、安全保护用品、防暑降温用品等所发生的支出。

10.4.6 在计算应纳税所得额时，不准在税前扣除的项目包括哪些

在企业所得税中，应纳税所得额和企业会计报表的利润总额往往是不一致的。造成这种差异的主要原因就在于有些支出的项目属于会计核算中的成本费用，但税法却规定，这些支出不得在计算应纳税所得额时减除。依据《企业所得税法》第11条的规定，在计算应纳税所得额时，一些支出不得扣除，详见图10-23。

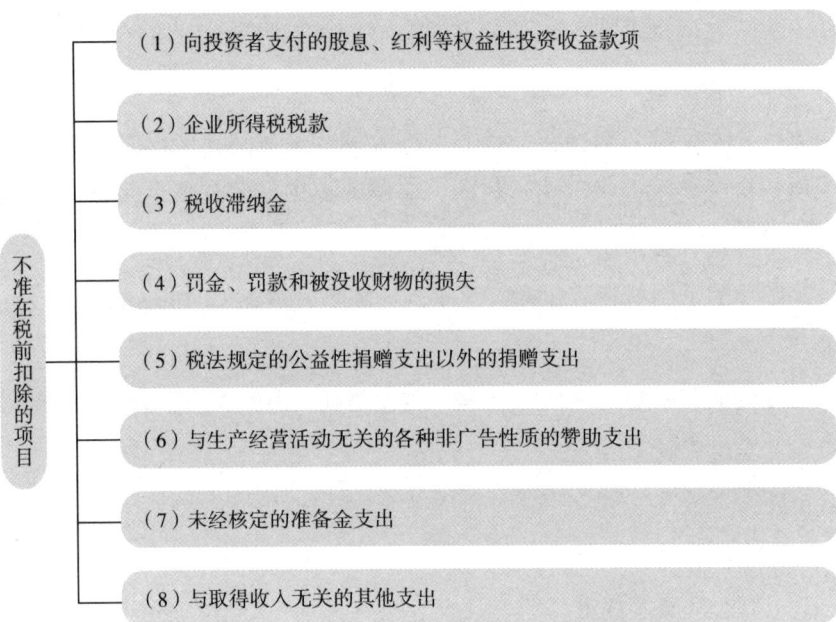

不准在税前扣除的项目

（1）向投资者支付的股息、红利等权益性投资收益款项

（2）企业所得税税款

（3）税收滞纳金

（4）罚金、罚款和被没收财物的损失

（5）税法规定的公益性捐赠支出以外的捐赠支出

（6）与生产经营活动无关的各种非广告性质的赞助支出

（7）未经核定的准备金支出

（8）与取得收入无关的其他支出

图10-23 不准在税前扣除的项目一览表

10.4.7 亏损弥补有哪些规定

在计算企业的应纳税所得额时，以前年度的亏损也是可以扣除的，但这个亏损额不是企业利润表中的亏损额，是指企业依照企业所得税法和本条例的规定将每一纳税年度的收入总额减除不征税收入、免税收入和各项扣除后小于零的数额。企业纳税年度发生的亏损，准予向以后年度结转，用以后年度的所得弥补，但结转年限最长不得超过五年。5年内不论纳税人是盈利还

是亏损，都应连续计算弥补的年限。先亏先补，按顺序连续计算弥补期。

图 10-24 是关于亏损额税前弥补的具体规定。

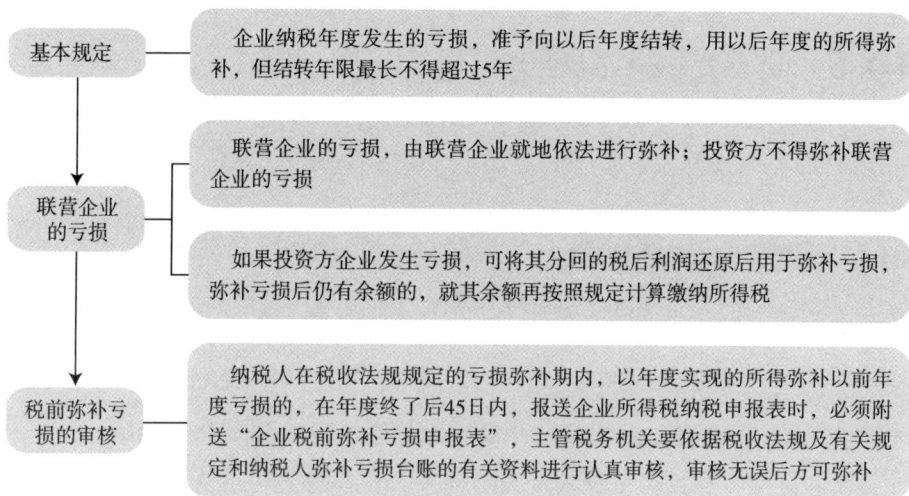

图10-24 弥补亏损的操作步骤

10.4.8 清算时应纳税所得额如何确定

清算所得，是指企业的全部资产可变现价值或者交易价格减除资产净值、清算费用以及相关税费等后的余额。

投资方企业从被清算企业分得的剩余资产，其中相当于从被清算企业累计未分配利润和累计盈余公积中应当分得的部分，应当确认为股息所得；剩余资产减除上述股息所得后的余额，超过或者低于投资成本的部分，应当确认为投资资产转让所得或者损失。

纳税人依法清算时，以其清算终了后的清算所得为应纳税所得额，按规定缴纳企业所得税。所谓清算所得，是指纳税人清算时的全部资产或财产扣除各项清算费用、损失、负债、企业未分配利润、公益金和公积金后的余额，超过实缴资本的部分。

10.5 资产的税务处理

10.5.1 资产的概念和种类

资产是由于资本投资而形成的财产，对于资本性支出，以及无形资产受让、开发费用和开办费用，不允许作为成本、费用从纳税人的收入总额中做一次性扣除，而只能采取分次计提折旧或分次摊销的方式予以列支。

税法规定，纳入税务处理范围的资产主要有四类，即固定资产、无形资产、递延资产和流动资产，其中前三类资产须采取计提折旧或摊销的方式分次扣除。各种资产的税务处理方法如图 10-25 所示。

资产类别		税务处理方法
固定资产	—	采取计提折旧的方法分次从税前扣除
无形资产	—	采取逐次摊销的方法分次从税前扣除
递延资产	—	采取逐次摊销的方法分次从税前扣除
流动资产	—	在销售、使用时一次性从税前扣除

图10-25　各类资产的税务处理方法

10.5.2 固定资产的税务处理

纳税人的固定资产，是指企业为生产产品、提供劳务、出租或者经营管理而持有的、使用时间超过 12 个月的非货币性资产，包括房屋、建筑物、机器、机械、运输工具以及其他与生产经营活动有关的设备、器具、工具等。

10.5.2.1　如何确定固定资产的计税基础

取得固定资产时的入账价值，将直接影响以后各期计提的折旧，从而也将影响当期缴纳的企业所得税。因此，合理地确定固定资产的入账价值，也称为确定固定资产的计税基础。如图 10-26 所示，固定资产通常按照以下方法确定计税基础。

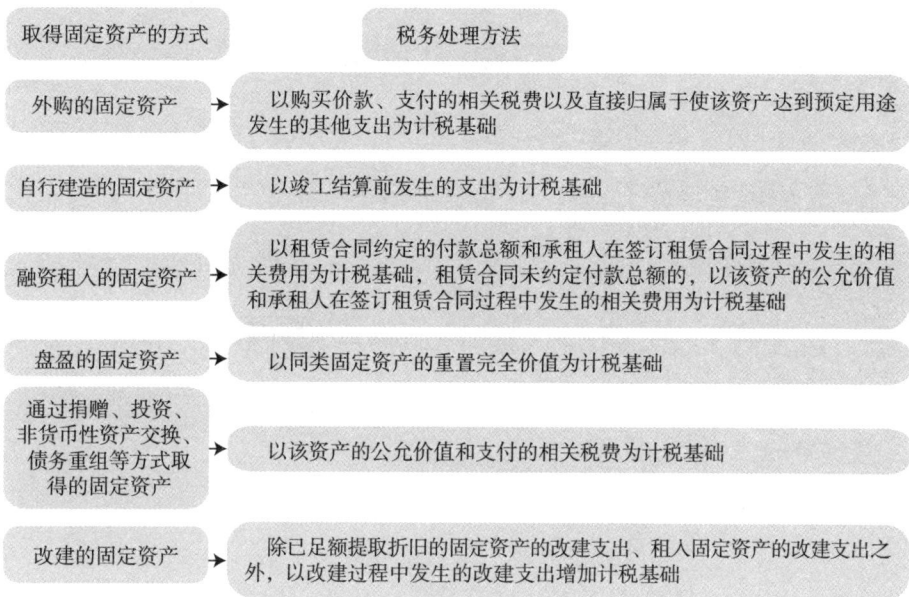

取得固定资产的方式	税务处理方法
外购的固定资产	以购买价款、支付的相关税费以及直接归属于使该资产达到预定用途发生的其他支出为计税基础
自行建造的固定资产	以竣工结算前发生的支出为计税基础
融资租入的固定资产	以租赁合同约定的付款总额和承租人在签订租赁合同过程中发生的相关费用为计税基础，租赁合同未约定付款总额的，以该资产的公允价值和承租人在签订租赁合同过程中发生的相关费用为计税基础
盘盈的固定资产	以同类固定资产的重置完全价值为计税基础
通过捐赠、投资、非货币性资产交换、债务重组等方式取得的固定资产	以该资产的公允价值和支付的相关税费为计税基础
改建的固定资产	除已足额提取折旧的固定资产的改建支出、租入固定资产的改建支出之外，以改建过程中发生的改建支出增加计税基础

图10-26　确定固定资产计税基础的方法

另外，需要说明的是固定资产的入账价值确定后，除图 10-27 所示的特殊情况外，一般不得调整。

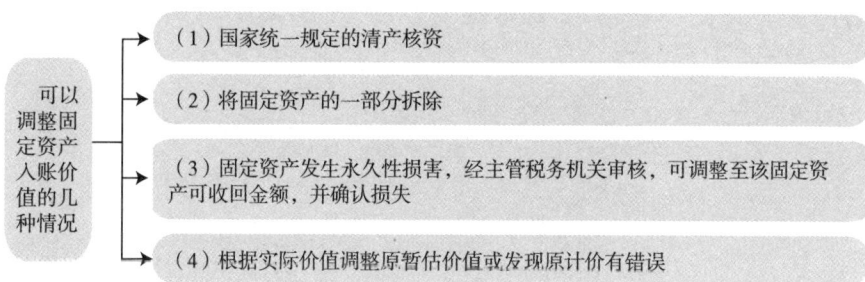

可以调整固定资产入账价值的几种情况
- （1）国家统一规定的清产核资
- （2）将固定资产的一部分拆除
- （3）固定资产发生永久性损害，经主管税务机关审核，可调整至该固定资产可收回金额，并确认损失
- （4）根据实际价值调整原暂估价值或发现原计价有错误

图10-27　可以调整固定资产入账价值的几种情况

10.5.2.2　对哪些固定资产可以计提折旧

并不是所有的固定资产都可以计提折旧，有些固定资产是不可以计提折旧的，有些固定资产即使会计制度允许计提折旧，但税收法规不允许将此类折旧在税前扣除。按照《企业所得税法》及其实施条例的要求，对应该计提

折旧和不应该计提折旧的固定资产范围给予了明确的规定（图10-28）。

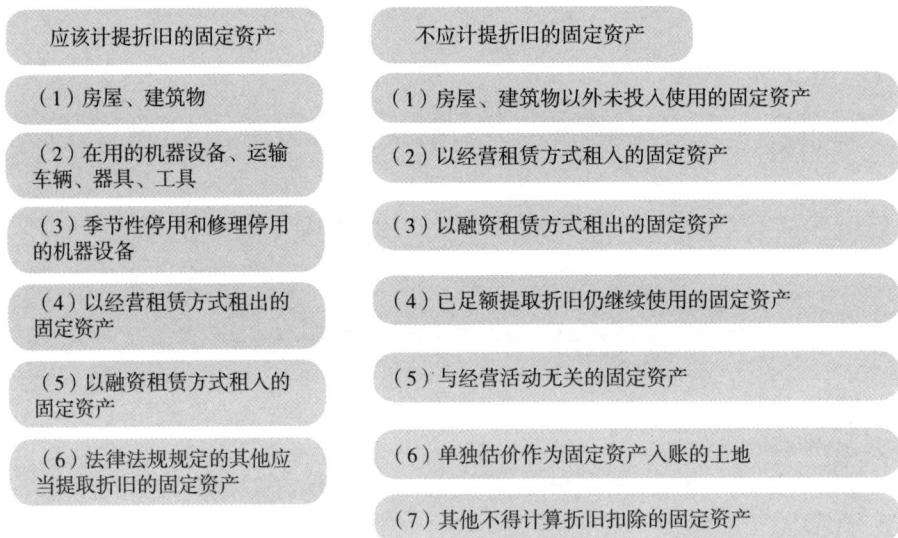

应该计提折旧的固定资产	不应计提折旧的固定资产
（1）房屋、建筑物	（1）房屋、建筑物以外未投入使用的固定资产
（2）在用的机器设备、运输车辆、器具、工具	（2）以经营租赁方式租入的固定资产
（3）季节性停用和修理停用的机器设备	（3）以融资租赁方式租出的固定资产
（4）以经营租赁方式租出的固定资产	（4）已足额提取折旧仍继续使用的固定资产
（5）以融资租赁方式租入的固定资产	（5）与经营活动无关的固定资产
（6）法律法规规定的其他应当提取折旧的固定资产	（6）单独估价作为固定资产入账的土地
	（7）其他不得计算折旧扣除的固定资产

图10-28　固定资产折旧范围一览表

10.5.2.3　固定资产依据什么计提折旧？主要有哪些折旧方法

固定资产折旧的计提依据和方法如图10-29所示。

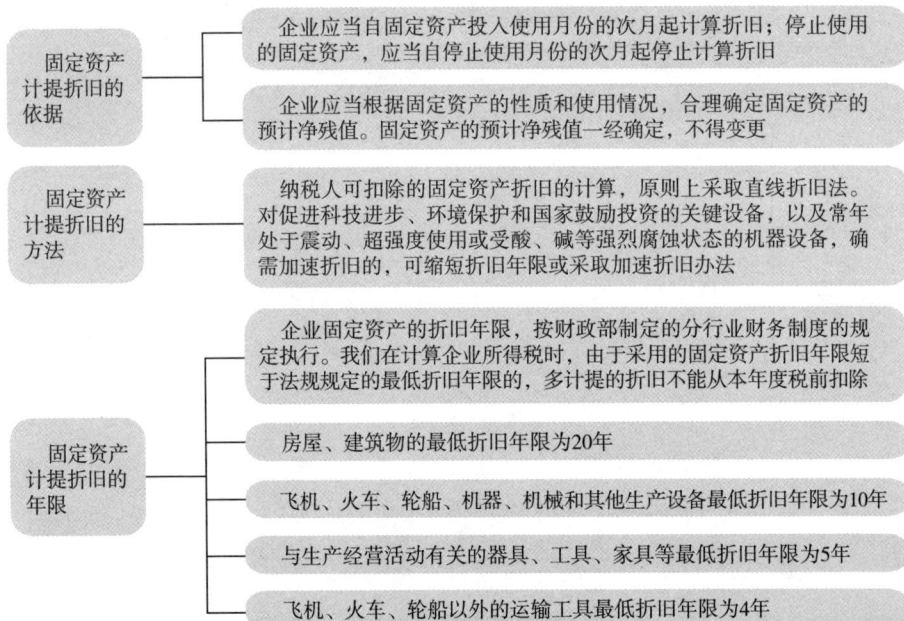

固定资产计提折旧的依据	企业应当自固定资产投入使用月份的次月起计算折旧；停止使用的固定资产，应当自停止使用月份的次月起停止计算折旧
	企业应当根据固定资产的性质和使用情况，合理确定固定资产的预计净残值。固定资产的预计净残值一经确定，不得变更
固定资产计提折旧的方法	纳税人可扣除的固定资产折旧的计算，原则上采取直线折旧法。对促进科技进步、环境保护和国家鼓励投资的关键设备，以及常年处于震动、超强度使用或受酸、碱等强烈腐蚀状态的机器设备，确需加速折旧的，可缩短折旧年限或采取加速折旧办法
固定资产计提折旧的年限	企业固定资产的折旧年限，按财政部制定的分行业财务制度的规定执行。我们在计算企业所得税时，由于采用的固定资产折旧年限短于法规规定的最低折旧年限的，多计提的折旧不能从本年度税前扣除
	房屋、建筑物的最低折旧年限为20年
	飞机、火车、轮船、机器、机械和其他生产设备最低折旧年限为10年
	与生产经营活动有关的器具、工具、家具等最低折旧年限为5年
	飞机、火车、轮船以外的运输工具最低折旧年限为4年

图10-29　固定资产折旧的计提依据和方法

10.5.2.4 生产性生物资产的折旧计提

生产性生物资产的折旧计提如图 10-30 所示。

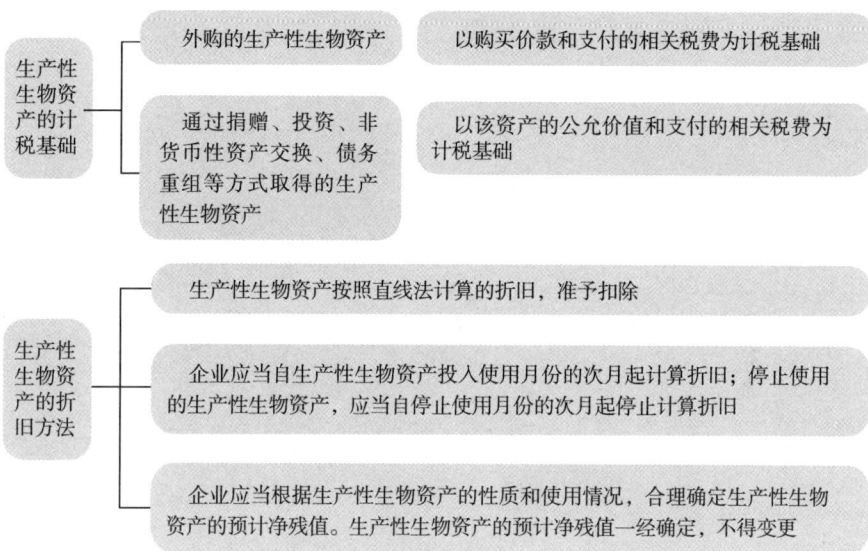

图10-30 生产性生物资产的折旧计提

生产性生物资产计算折旧的最低年限：

林木类生产性生物资产，为 11 年；

畜类生产性生物资产，为 3 年。

10.5.2.5 可以对固定资产加速折旧的规定

在下列情形下，可以采取缩短折旧年限或者采取加速折旧的方法对固定资产计提折旧。

（1）由于技术进步，产品更新换代较快的固定资产。

（2）常年处于强震动、高腐蚀状态的固定资产。

采取缩短折旧年限方法的，最低折旧年限不得低于《企业所得税法实施条例》所规定折旧年限的 60%；采取加速折旧方法的，可以采取双倍余额递减法或者年数总和法。

10.5.2.6 固定资产改建、大修理的税务支出

固定资产改建、大修理的税务支出如图 10-31 所示。

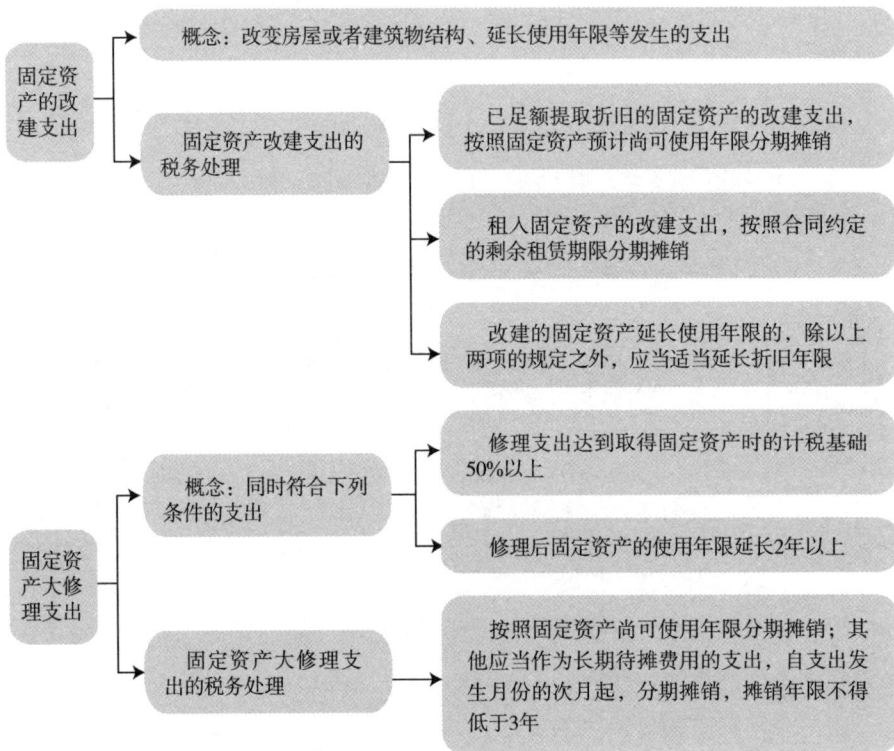

图10-31 固定资产改建、大修理的税务支出

10.5.3 无形资产的税务处理

无形资产，是指企业为生产产品、提供劳务、出租或者经营管理而持有的、没有实物形态的非货币性长期资产，包括专利权、商标权、著作权、土地使用权、非专利技术、商誉等。无形资产的税务处理如图 10-32 所示。

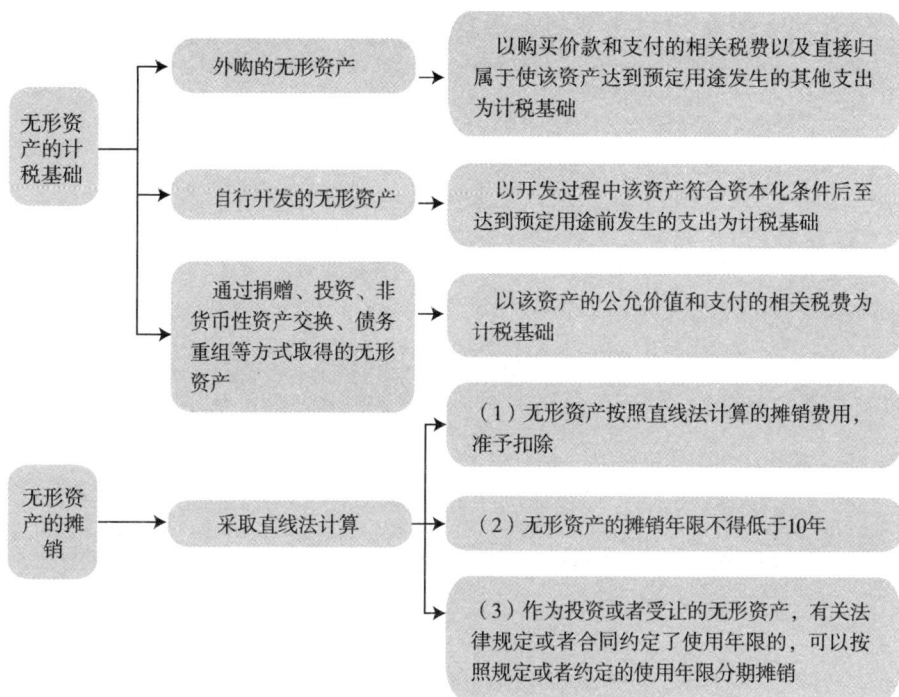

图10-32 无形资产的税务处理

10.6 企业所得税的税收优惠

税收优惠指国家运用税收政策在税收法律、行政法规中规定对某一部分特定企业和课税对象给予减轻或免除税收负担的一种措施。税法规定的企业所得税的税收优惠方式包括免税、减税、加计扣除、加速折旧、减计收入、税额抵免等。具体措施如图 10-33 所示。

（1）从事农、林、牧、渔业项目的所得免税或者减半征收

> 企业从事下列项目的所得，免征企业所得税：
> ①蔬菜、谷物、薯类、油料、豆类、棉花、麻类、糖料、水果、坚果的种植。
> ②农作物新品种的选育。
> ③中药材的种植。
> ④林木的培育和种植。
> ⑤牲畜、家禽的饲养。
> ⑥林产品的采集。
> ⑦灌溉、农产品初加工、兽医、农技推广、农机作业和维修等农、林、牧、渔服务业项目。
> ⑧远洋捕捞

> 企业从事下列项目的所得，减半征收企业所得税：
> ①花卉、茶以及其他饮料作物和香料作物的种植。
> ②海水养殖、内陆养殖

（2）从事国家重点扶持的公共基础设施项目投资经营的所得

> 企业从事国家重点扶持的公共基础设施项目的投资经营的所得，自项目取得第一笔生产经营收入所属纳税年度起，第一年至第三年免征企业所得税，第四年至第六年减半征收企业所得税

（3）从事符合条件的环境保护、节能节水项目的所得

> 环境保护、节能节水项目的所得，自项目取得第一笔生产经营收入所属纳税年度起，第一年至第三年免征企业所得税，第四年至第六年减半征收企业所得税

> 符合条件的环境保护、节能节水项目，包括公共污水处理、公共垃圾处理、沼气综合开发利用、节能减排技术改造、海水淡化等

> 以上规定享受减免税优惠的项目，在减免税期限内转让的，受让方自受让之日起，可以在剩余期限内享受规定的减免税优惠；减免税期限届满后转让的，受让方不得就该项目重复享受减免税优惠

（4）符合条件的技术转让所得

> 税法所称符合条件的技术转让所得免征、减征企业所得税，是指一个纳税年度内，居民企业转让技术所有权所得不超过500万元的部分，免征企业所得税；超过500万元的部分，减半征收企业所得税

（5）非居民企业税收优惠

> 非居民企业减按10%的税率征收企业所得税。这里的非居民企业是指在中国境内未设立机构、场所，或者虽设立机构、场所但取得的所得与其所设机构、场所没有实际联系的企业

> 非居民企业取得下列所得免征企业所得税：
> ①外国政府向中国政府提供贷款取得的利息所得。
> ②国际金融组织向中国政府和居民企业提供优惠贷款取得的利息所得。
> ③经国务院批准的其他所得

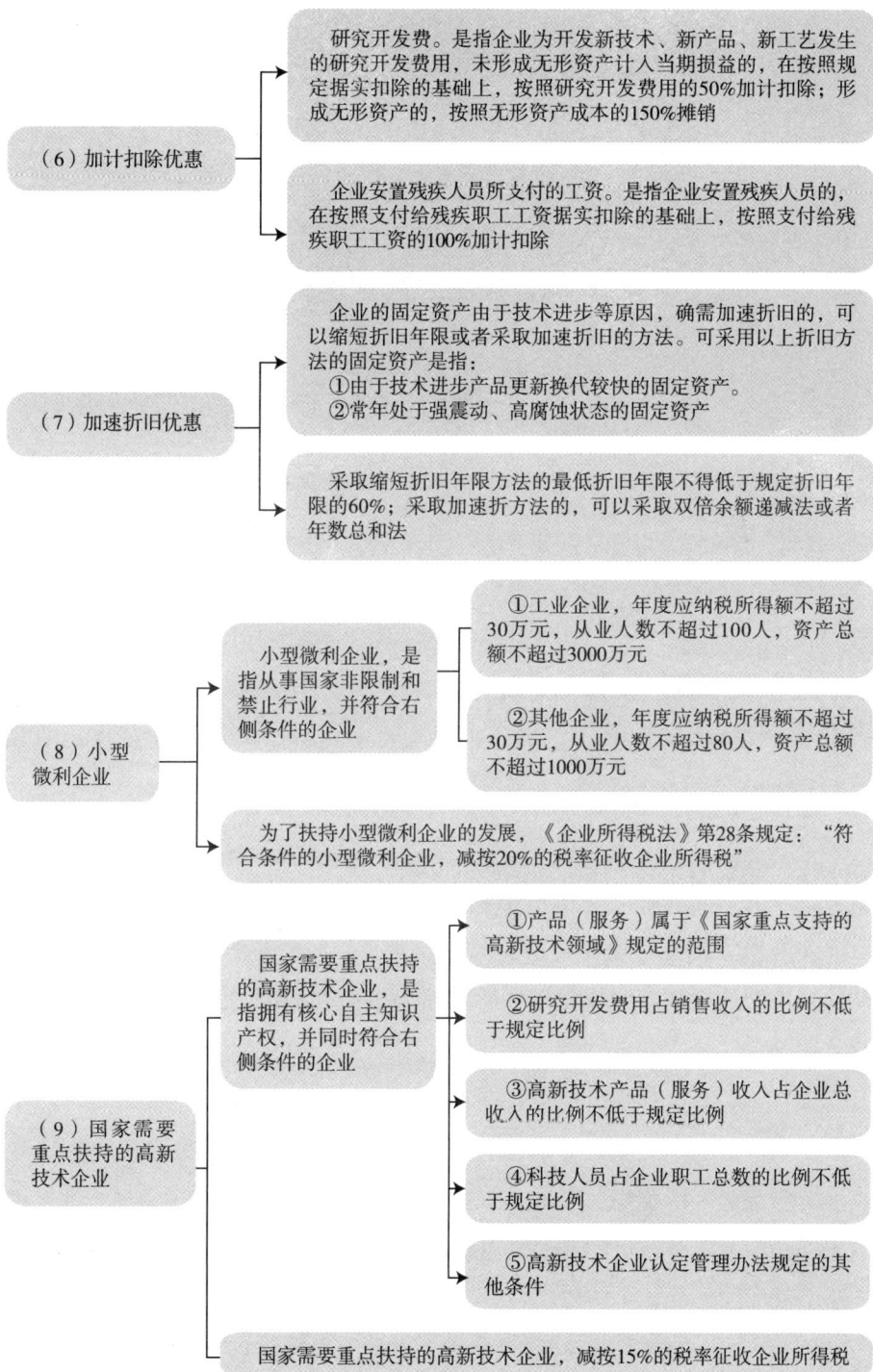

（6）加计扣除优惠

研究开发费。是指企业为开发新技术、新产品、新工艺发生的研究开发费用，未形成无形资产计入当期损益的，在按照规定据实扣除的基础上，按照研究开发费用的50%加计扣除；形成无形资产的，按照无形资产成本的150%摊销

企业安置残疾人员所支付的工资。是指企业安置残疾人员的，在按照支付给残疾职工工资据实扣除的基础上，按照支付给残疾职工工资的100%加计扣除

（7）加速折旧优惠

企业的固定资产由于技术进步等原因，确需加速折旧的，可以缩短折旧年限或者采取加速折旧的方法。可采用以上折旧方法的固定资产是指：
①由于技术进步产品更新换代较快的固定资产。
②常年处于强震动、高腐蚀状态的固定资产

采取缩短折旧年限方法的最低折旧年限不得低于规定折旧年限的60%；采取加速折旧方法的，可以采取双倍余额递减法或者年数总和法

（8）小型微利企业

小型微利企业，是指从事国家非限制和禁止行业，并符合右侧条件的企业

①工业企业，年度应纳税所得额不超过30万元，从业人数不超过100人，资产总额不超过3000万元

②其他企业，年度应纳税所得额不超过30万元，从业人数不超过80人，资产总额不超过1000万元

为了扶持小型微利企业的发展，《企业所得税法》第28条规定："符合条件的小型微利企业，减按20%的税率征收企业所得税"

（9）国家需要重点扶持的高新技术企业

国家需要重点扶持的高新技术企业，是指拥有核心自主知识产权，并同时符合右侧条件的企业

①产品（服务）属于《国家重点支持的高新技术领域》规定的范围

②研究开发费用占销售收入的比例不低于规定比例

③高新技术产品（服务）收入占企业总收入的比例不低于规定比例

④科技人员占企业职工总数的比例不低于规定比例

⑤高新技术企业认定管理办法规定的其他条件

国家需要重点扶持的高新技术企业，减按15%的税率征收企业所得税

图10-33

（10）民族自治地区	民族自治地方的自治机关对本民族自治地方的企业应缴纳的企业所得税中属于地方分享的部分，可以决定减征或者免征。自治州、自治县决定减征或者免征的，须报省、自治区、直辖市人民政府批准
（11）创业投资企业	创业投资企业从事国家需要重点扶持和鼓励的创业投资，可以按投资额的一定比例抵扣应纳税所得额。 抵扣应纳税所得额，是指创业投资企业采取股权投资方式投资于未上市的中小高新技术企业2年以上的，可以按照其投资额的70%在股权持有满2年的当年抵扣该创业投资企业的应纳税所得额；当年不足抵扣的，可以在以后纳税年度结转抵扣
（12）综合利用资源企业	企业以"资源综合利用企业所得税优惠目录"规定的资源作为主要原材料，生产国家非限制和禁止，并符合国家和行业相关标准的产品取得的收入，减按90%计入收入总额

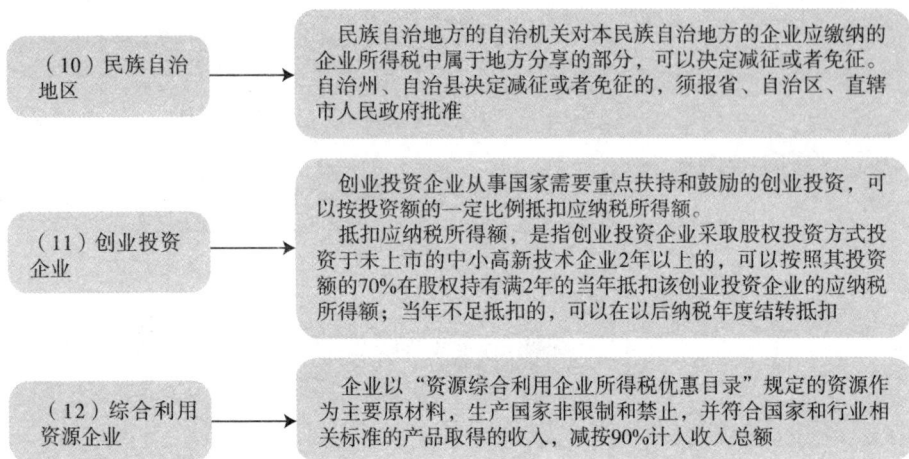

图10-33　企业所得税的税收优惠

10.7　应纳所得税额的计算

10.7.1　预缴及汇算清缴所得税的计算

企业所得税实行按年计征、分期预缴、年终汇算清缴、多退少补的办法。其应纳所得税额的计算分为预缴所得税额计算和年终汇算清缴所得税额计算两部分。

10.7.1.1　按月（季）预缴所得税的计算方法

纳税人预缴所得税时，应当按纳税期限内应纳税所得额的实际数预缴；按实际数预缴有困难的，可按上一年度应纳税所得额的1/12或1/4预缴，或者经当地税务机关认可的其他方法分期预缴所得税。其计算公式为：

公式1：

应纳所得税额=月（季）应纳税所得额×25%

公式2：

应纳所得税额=上年应纳税所得额×1/12（或1/4）×25%

10.7.1.2 年终汇算清缴的所得税的计算方法

全年应纳所得税额=全年应纳税所得额×25%

多退少补所得税额=全年应纳所得税额-月（季）已预缴所得税额

企业所得税税款应以人民币为计算单位。若所得为外国货币的，应当按照国家外汇管理机关公布的外汇汇率折合人民币缴纳。

案例分析 10-1：企业所得税的计算

某企业2018年全年应税所得额480万元。2019年企业经税务机关同意，每月按2018年应纳税所得额的1/12预缴企业所得税。2019年全年实现利润经调整后的应纳税所得额为560万元。计算该企业2019年每月应预缴的企业所得税；年终汇算清缴时应补缴的企业所得税。

（1）2019年1～12月每月应预缴所得税额为：

应纳税额=480÷12×25%=10（万元）

（2）2019年1～12月实际预缴所得税额为：

实际预缴额=10×12=120（万元）

（3）2019年全年应纳所得税额为：

应纳税额=560×25%=140（万元）

（4）年终汇算清缴时应补缴所得税额为：

应补缴所得税额=140-120=20（万元）

10.7.2 境外所得税抵免和应纳税额的计算

依据《企业所得税法》第23条的规定，企业取得的下列所得已在境外缴纳的所得税税额，可以从其当期应纳税额中抵免，抵免限额为该项所得依照本法规定计算的应纳税额；超过抵免限额的部分，可以在以后五个年度内，用每年度抵免限额抵免当年应抵税额后的余额进行抵补。

（1）居民企业来源于中国境外的应税所得。

（2）非居民企业在中国境内设立机构、场所，取得发生在中国境外但与该机构、场所有实际联系的应税所得。

在这里已在境外缴纳的所得税税额，是指企业来源于中国境外的所得依照中国境外税收法律以及相关规定应当缴纳并已经实际缴纳的企业所得税性质的税款。

抵免限额，是指企业来源于中国境外的所得，依照企业所得税法和本条例的规定计算的应纳税额。

10.7.2.1 税收限额抵免法的计算

（1）限额抵免的计算方法。税收的限额抵免是纳税人的境外所得依据我国《企业所得税》及其实施条例的有关规定，扣除取得该项所得应摊计的成本、费用及损失后，所得出应税所得额按规定税率计算出的应纳税额。该税收抵免限额应当分国（地区）不分项计算。计算公式为：

抵免限额 = 中国境内、境外所得依照企业所得税法和企业所得税法实施条例的规定计算的应纳税总额 × 来源于某国（地区）的应纳税所得额 ÷ 中国境内、境外应纳税所得总额

按照现行企业所得税年度纳税申报表的相关规定，从境外取得的税后投资收益，应先将其还原后计入企业的应纳税所得总额，一并计算应纳税额。然后将境外应抵扣的已纳税额从当年应纳税额中扣除。

案例分析 10-2：有境外收益的企业所得税的计算

某企业 2019 年度境内所得为 800 万元，同期从境外某国分支机构取得税后收益 1200 万元，在境外已按 20% 的税率缴纳了所得税。该企业适用税率为 25%。计算该企业本年度应缴纳入库的所得税额。

（1）境外收益应纳税所得额 =1200÷（1-20%）=1500（万元）

（2）境内、外所得应纳税总额 =（800+1500）×25% =575（万元）

（3）境外所得税扣除限额 =575 × 1500 ÷（800+1500）=375（万元）

（4）境外所得实际缴纳所得税 =1500 × 20%=300（万元）

小于扣除限额 375 万元，境外所得应抵扣的已纳所得税额为 300 万元。

（5）本年度该企业应缴纳企业所得税 =575-300=275（万元）

（2）抵免不足部分的处理。纳税人来源于境外所得实际缴纳的所得税款，如果低于按规定计算出的扣除限额，可以从应纳税额中如数扣除其在境外实际缴纳的所得税税款；如果超过扣除限额，其超过部分不得在本年度作为税额扣除，也不得列为费用支出，但可以用以后年度税额扣除不超过限额的余额补扣，补扣期限最长不得超过 5 年。5 个年度，是指从企业取得的来源于中国境外的所得，已经在中国境外缴纳的企业所得税性质的税额超过抵免限额的当年的次年起连续 5 个纳税年度。

（3）盈亏弥补。依据《企业所得税法》第 17 条的规定："企业在汇总计算缴纳企业所得税时，其境外营业机构的亏损不得抵减境内营业机构的盈利。"

企业境外业务之间的盈亏除国务院财政、税务主管部门另有规定外，该抵免限额应当分国（地区）不分项计算，不同国家（地区）之间的不能相互弥补，但是同一个国家（地区）的不同的项目可以相互弥补。

10.7.2.2 来源于中国境外的股息、红利等权益性投资收益的应纳税额的计算

居民企业从其直接或者间接控制的外国企业分得的来源于中国境外的股息、红利等权益性投资收益，外国企业在境外实际缴纳的所得税税额中属于该项所得负担的部分，可以作为该居民企业的可抵免境外所得税税额，按照税收限额抵免法在抵免限额内抵免。

这里的直接控制，是指居民企业直接持有外国企业 20% 以上股份。间接控制，是指居民企业以间接持股方式持有外国企业 20% 以上股份，具体

认定办法由国务院财政、税务主管部门另行制定。

特别强调的是抵免企业所得税税额时，应当提供中国境外税务机关出具的税款所属年度的有关纳税凭证。

10.7.3 从被投资方分回税后利润（股息）应纳税额的计算

企业在国内投资、联营取得的税后利润，由于接受投资或联营企业已向其所在地税务机关缴纳了企业所得税，因此，对于投资方或参营方分得的税后利润、股息，一般不再征税。

依据《企业所得税》第211条的规定，符合一定条件的企业的下列收入为免税收入（图10-34）。

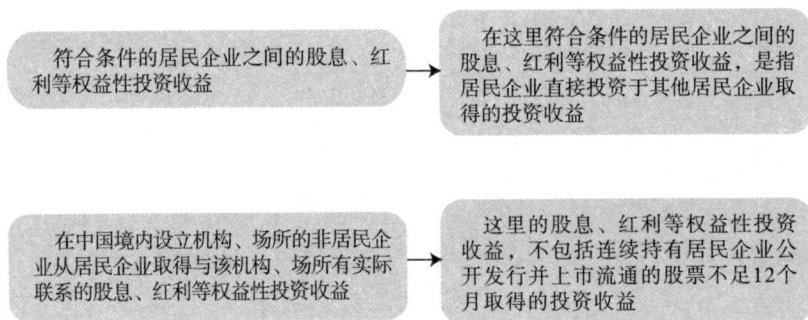

图10-34 可以免税的从被投资方分回税后利润（股息）

10.7.4 清算所得应纳税额的计算方法

纳税人依法进行清算时，其清算终了后的清算所得，应当依照企业所得税条例规定缴纳所得税。清算所得，是指企业的全部资产可变现价值或者交易价格减除资产净值、清算费用以及相关税费等后的余额。

投资方企业从被清算企业分得的剩余资产，其中相当于从被清算企业累计未分配利润和累计盈余公积中应当分得的部分，应当确认为股息所得；剩余资产减除上述股息所得后的余额，超过或者低于投资成本的部分，应当确认为投资资产转让所得或者损失。

清算所得应纳税额=清算所得×适用税率

案例分析 10-3：清算所得应纳税额的计算方法

> 某企业因经营管理不善，严重亏损，于 2019 年 7 月底宣布破产，实施解散清算。经过清算，该企业存货变现损益 1300 万元，清算资产盘盈 300 万元，应付未付职工工资 200 万元，偿还负债收入 400 万元，发生清算费用 30 万元，企业累计未分配利润 120 万元，企业注册资本金 1100 万元。试计算该企业清算时应缴纳的企业所得税。
>
> （1）清算所得 =1300+300-200-30+400-120-1100=550（万元）
>
> （2）应缴纳所得税额 =550×25%=137.5（万元）

10.8　企业所得税税款的申报与缴纳

10.8.1　企业所得税的缴纳方法

企业所得税实行按年计算、分月或分季预缴、年终汇算清缴、多退少补的征纳办法。具体纳税期限由主管税务机关根据纳税人应纳税额的大小，予以核定。

10.8.2　企业所得税的缴纳期限

企业所得税的清缴，由纳税人自行计算年度应纳税所得额和应缴所得税额，根据预缴税款情况，计算全年应缴纳税额，并填写纳税申报表，在税法规定的申报期内向税务机关进行年度纳税申报，经税务机关审核后，办理结清手续。

企业所得税分月或者分季预缴，其相应的交纳期限如图 10-35 所示。

缴纳税款的类型	缴纳税款的时间期限
（1）每月（季度）预交税款的期限	自月份或者季度终了之日起15日内，向税务机关报送预缴企业所得税纳税申报表，预缴税款
（2）年度汇算清缴	自年度终了之日起五个月内，向税务机关报送年度企业所得税纳税申报表，并汇算清缴，结清应缴应退税款
（3）年度中间终止经营活动的	应当自实际经营终止之日起六十日内，向税务机关办理当期企业所得税汇算清缴
（4）企业办理注销登记	在办理注销登记前，就其清算所得向税务机关申报并依法缴纳企业所得税

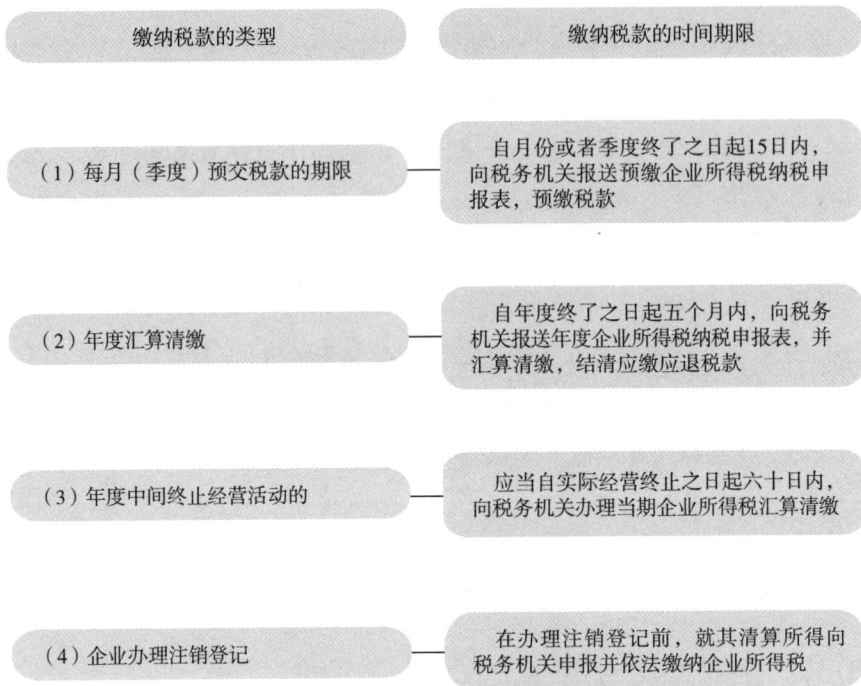

图10-35　企业所得税的缴纳期限

10.8.3　企业所得税的纳税年度

企业所得税按纳税年度计算。纳税年度自公历1月1日起至12月31日止。

企业在一个纳税年度中间开业，或者终止经营活动，使该纳税年度的实际经营期不足十二个月的，应当以其实际经营期为一个纳税年度。

企业依法清算时，应当以清算期间作为一个纳税年度。

10.8.4　企业所得税的纳税地点

企业所得税的纳税地点，按照取得收入的不同情况，按图10-36所示的方式进行处理。

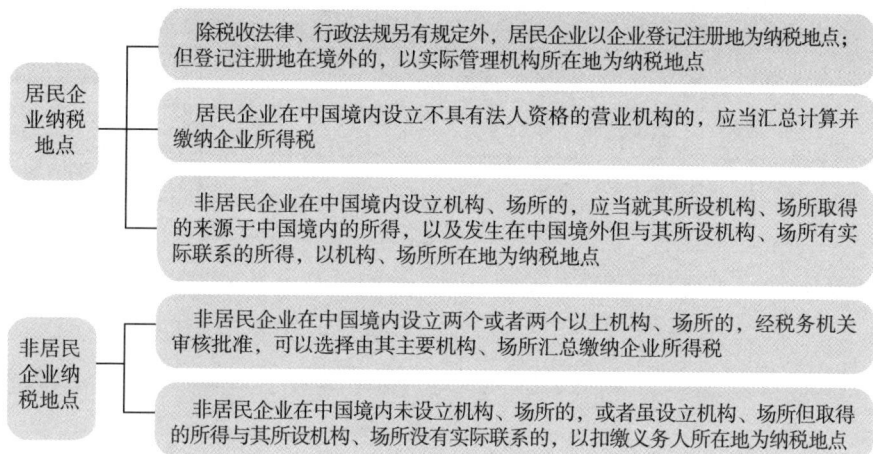

图10-36 企业所得税纳税地点的具体规定

图10-36中的主要机构、场所，应当同时符合下列条件。

（1）对其他各机构、场所的生产经营活动负有监督管理责任。

（2）设有完整的账簿、凭证，能够准确反映各机构、场所的收入、成本、费用和盈亏情况。

10.8.5 纳税申报表的格式和填报方法

10.8.5.1 企业所得税年度纳税申报表（A类）的表样

企业所得税纳税申报表详见表10-1。

表 10-1 企业所得税纳税申报表

中华人民共和国企业所得税年度纳税申报表（A类）

税款所属期间： 年 月 日至 年 月 日
纳税人名称：
纳税人识别号：□□□□□□□□□□□□□□□□□□□□ 金额单位：元（列至角分）

类别	行次	项目	金额
利润总额计算	1	一、营业收入（填附表一）	
	2	减：营业成本（填附表二）	
	3	税金及附加	

续表

类别	行次	项目	金额
利润总额计算	4	销售费用（填附表二）	
	5	管理费用（填附表二）	
	6	财务费用（填附表二）	
	7	资产减值损失	
	8	加：公允价值变动收益	
	9	投资收益	
	10	二、营业利润	
	11	加：营业外收入（填附表一）	
	12	减：营业外支出（填附表二）	
	13	三、利润总额（10+11-12）	
应纳税所得额计算	14	加：纳税调整增加额（填附表三）	
	15	减：纳税调整减少额（填附表三）	
	16	其中：不征税收入	
	17	免税收入	
	18	减计收入	
	19	减、免税项目所得	
	20	加计扣除	
	21	抵扣应纳税所得额	
	22	加：境外应税所得弥补境内亏损	
	23	纳税调整后所得（13+14-15+22）	
	24	减：弥补以前年度亏损（填附表四）	
	25	应纳税所得额（23-24）	
	26	税率（25%）	
	27	应纳所得税额（25+26）	
	28	减：减免所得税额（填附表五）	
	29	减：抵免所得税额（填附表五）	
	30	应纳税额（27-28-29）	
	31	加：境外所得应纳所得税额（填附表六）	

续表

类别	行次	项目		金额
应纳税所得额计算	32	减：境外所得抵免所得税额（填附表六）		
	33	实际应纳所得税额（30+31-32）		
	34	减：本年累计实际已预缴的所得税额		
应纳税额计算	35	其中：汇总纳税的总机构分摊预缴的税额		
	36	汇总纳税的总机构财政调库预缴的税额		
	37	汇总纳税的总机构所属分支机构分摊的预缴税额		
	38	合并纳税（母子体制）成员企业就地预缴比例		
	39	合并纳税企业就地预缴的所得税额		
	40	本年应补（退）的所得税额（33-34）		
附列资料	41	以前年度多缴的所得税额在本年抵减额		
	42	以前年度应缴未缴在本年入库所得税额		
纳税人公章：		代理申报中介机构公章：		主管税务机关受理专用章：
经办人：		经办人及执业证件号码：		受理人：
申报日期：　　年　月　日		代理申报日期：　　　年　月　日		受理日期：　　年　月　日

10.8.5.2 《企业所得税年度纳税申报表（A类）》填报说明

（一）适用范围

本表适用于实行查账征收的企业所得税居民纳税人填报。

（二）填报依据及内容

根据《中华人民共和国企业所得税法》及其实施条例的规定计算填报，并依据企业会计制度、企业会计准则等企业的利润表以及纳税申报表相关附表的数据填报。

（三）有关项目填报说明

1.表头项目

（1）"税款所属期间"：正常经营的纳税人，填报公历当年1月1日至12月31日；纳税人年度中间开业的，填报实际生产经营之日的当月1日至同年 12 月 31 日；纳税人年度中间发生合并、分立、破产、停业等情况的，填报公历当年 1 月 1 日至实际停业或法院裁定并宣告破产之日的当月月末；纳税人年度中间开业且年度中间又发生合并、分立、破产、停业等情况的，填报实际生产经营之日的当月 1 日至实际停业或法院裁定并宣告破产之日的当月月末。

（2）"纳税人识别号"：填报税务机关统一核发的税务登记证号码。

（3）"纳税人名称"：填报税务登记证所载纳税人的全称。

2.表体项目

本表是在企业会计利润总额的基础上，加减纳税调整额后计算出"纳税调整后所得"（应纳税所得额）。会计与税法的差异（包括收入类、扣除类、资产类等一次性和暂时性差异）通过纳税调整明细表（附表三）集中体现。本表包括利润总额的计算、应纳税所得额的计算、应纳税额的计算和附列资料四个部分。

（1）"利润总额的计算"中的项目，适用《企业会计准则》的企业，其数据直接取自利润表；实行《企业会计制度》《小企业会计制度》等会计制度的企业，其利润表中项目与本表不一致的部分，应当按照本表要求对利润表中的项目进行调整后填报。

该部分的收入、成本费用明细项目，适用《企业会计准则》《企业会计制度》或《小企业会计制度》的纳税人，通过附表一（1）收入明细表和附表二（1）成本费用明细表反映；适用《企业会计准则》《金融企业会计制度》的纳税人填报附表一（2）金融企业收入明细表、附表二（2）金融企业成本费用明细表的相应栏次；适用《事业单位会计准则》《民间非营利组织会计制度》的事业单位、社会团体、民办非企业单位、非营利组织，填报附表一（3）事业单位、社会团体、民办非企业单位收入项目明细表和附表二（3）事业单位、社会团体、民办非企业单位支出项目明细表。

（2）"应纳税所得额的计算"和"应纳税额的计算"中的项目，除根据主表逻辑关系计算出的指标外，其余数据来自附表。

（3）"附列资料"包括用于税源统计分析的上年度税款在本年入库金额。

3.行次说明

（1）第1行"营业收入"：填报纳税人主要经营业务和其他业务所确认的收入总额。本项目应根据"主营业务收入"和"其他业务收入"科目的发生额分析填列。一般企业通过附表一（1）收入明细表计算填列；金融企业通过附表一（2）金融企业收入明细表计算填列；事业单位、社会团体、民办非企业单位、非营利组织应填报附一（3）事业单位、社会团体、民办非企业单位收入明细表的"收入总额"，包括按税法规定的不征税收入。

（2）第2行"营业成本"项目，填报纳税人经营主要业务和其他业务发生的实际成本总额。本项目应根据"主营业务成本"和"其他业务成本"科目的发生额分析填列。一般企业通过附表二（1）成本费用明细表计算填列；金融企业通过附表二（2）金融企业成本费用明细表计算填列；事业单位、社会团体、民办非企业单位、非营利组织应根据附表一（3）事业单位、社会团体、民办非企业单位收入明细表和附表二（3）事业单位、社会团体、民办非企业单位支出明细表分析填报。

（3）第3行"税金及附加"：填报纳税人经营业务应负担的消费税、城市维护建设税、资源税、土地增值税、教育费附加及房产税、土地使用税、车船税、印花税等相关税费。本项目应根据"税金及附加"科目的发生额分析填列。

（4）第4行"销售费用"：填报纳税人在销售商品过程中发生的包装费、广告费等费用和为销售本企业商品而专设的销售机构的职工薪酬、业务费等经营费用。本项目应根据"销售费用"科目的发生额分析填列。

（5）第5行"管理费用"：填报纳税人为组织和管理生产经营发生的管理费用。本项目应根据"管理费用"科目的发生额分析填列。

（6）第6行"财务费用"：填报纳税人为筹集生产经营所需资金等而发生的筹资费用。本项目应根据"财务费用"科目的发生额分析填列。

（7）第7行"资产减值损失"：填报纳税人各项资产发生的减值损失。本项目应根据"资产减值损失"科目的发生额分析填列。

（8）第8行"公允价值变动收益"：填报纳税人按照相关会计准则规定

应当计入当期损益的资产或负债公允价值变动收益，如交易性金融资产当期公允价值的变动额。本项目应根据"公允价值变动损益"科目的发生额分析填列，如为损失，本项目以"-"号填列。

（9）第9行"投资收益"：填报纳税人以各种方式对外投资所取得的收益。本行应根据"投资收益"科目的发生额分析填列，如为损失，用"-"号填列。企业持有的交易性金融资产处置和出让时，处置收益部分应当自"公允价值变动损益"项目转出，列入本行，包括境外投资应纳税所得额。

（10）第10行"营业利润"：填报纳税人当期的营业利润。根据上述行次计算填列。

（11）第11行"营业外收入"：填报纳税人发生的与其经营活动无直接关系的各项收入。除事业单位、社会团体、民办非企业单位外，其他企业通过附表一（1）收入明细表相关行次计算填报；金融企业通过附表一（2）金融企业收入明细表相关行次计算填报。

（12）第12行"营业外支出"：填报纳税人发生的与其经营活动无直接关系的各项支出。一般企业通过附表二（1）成本费用明细表相关行次计算填报；金融企业通过附表二（2）金融企业成本费用明细表相关行次计算填报。

（13）第13行"利润总额"：填报纳税人当期的利润总额。根据上述行次计算填列。金额等于第 10 +11−12 行。

（14）第14行"纳税调整增加额"：填报纳税人未计入利润总额的应税收入项目、税收不允许扣除的支出项目、超出税收规定扣除标准的支出金额，以及资产类应纳税调整的项目，包括房地产开发企业按本期预售收入计算的预计利润等。纳税人根据附表三纳税调整项目明细表"调增金额"列下计算填报。

（15）第15行"纳税调整减少额"：填报纳税人已计入利润总额，但税收规定可以暂不确认为应税收入的项目，以及在以前年度进行了纳税调增，根据税收规定从以前年度结转过来在本期扣除的项目金额。包括不征税收入、免税收入、减计收入以及房地产开发企业已转销售收入的预售收入按规定计算的预计利润等。纳税人根据附表三纳税调整项目明细表"调减金额"列下计算填报。

（16）第16行"其中：不征税收入"：填报纳税人计入营业收入或营业外收入中的属于税收规定的财政拨款、依法收取并纳入财政管理的行政事业性收费、政府性基金，以及国务院规定的其他不征税收入。

（17）第17行"其中：免税收入"：填报纳税人已并入利润总额中核算的符合税收规定免税条件的收入或收益，包括：国债利息收入；符合条件的居民企业之间的股息、红利等权益性投资收益；在中国境内设立机构、场所的非居民企业从居民企业取得与该机构、场所有实际联系的股息、红利等权益性投资收益；符合条件的非营利组织的收入。本行应根据"主营业务收入""其他业务收入"和"投资净收益"科目的发生额分析填列。

（18）第18行"其中：减计收入"：填报纳税人以《资源综合利用企业所得税优惠目录》规定的资源作为主要原材料，生产销售国家非限制和禁止并符合国家和行业相关标准的产品按10%的规定比例减计的收入。

（19）第19行"其中：减、免税项目所得"：填报纳税人按照税收规定应单独核算的减征、免征项目的所得额。

（20）第20行"其中：加计扣除"：填报纳税人当年实际发生的开发新技术、新产品、新工艺发生的研究开发费用，以及安置残疾人员和国家鼓励安置的其他就业人员所支付的工资。符合税收规定条件的，计算应纳税所得额按一定比例的加计扣除金额。

（21）第21行"其中：抵扣应纳税所得额"：填报创业投资企业采取股权投资方式投资于未上市的中小高新技术企业2年以上的，可以按照其投资额的70%在股权持有满2年的当年抵扣该创业投资企业的应纳税所得额；当年不足抵扣的，可以在以后纳税年度结转抵扣。

（22）第22行"加：境外应税所得弥补境内亏损"：依据《境外所得计征企业所得税暂行管理办法》的规定，纳税人在计算缴纳企业所得税时，其境外营业机构的盈利可以弥补境内营业机构的亏损。即当"利润总额"，加"纳税调整增加额"减"纳税调整减少额"为负数时，该行填报企业境外应税所得用于弥补境内亏损的部分，最大不得超过企业当年的全部境外应税所得；如为正数时，如以前年度无亏损额，本行填零；如以前年度有亏损额，取应弥补以前年度亏损额的最大值，最大不得超过企业当年的全部境外应税所得。

（23）第23行"纳税调整后所得"：填报纳税人当期经过调整后的应纳税所得额。金额等于本表第13+14-15+22行。当本行为负数时，即为可结转以后年度弥补的亏损额（当年可弥补的所得额）；如为正数时，应继续计算应纳税所得额。

（24）第24行"弥补以前年度亏损"：填报纳税人按税收规定可在税前弥补的以前年度亏损额。金额等于附表四企业所得税弥补亏损明细表第6行第10列，但不得超过本表第23行"纳税调整后所得"。

（25）第25行"应纳税所得额"：金额等于本表第23-24行。本行不得为负数，本表第23行或者依上述顺序计算结果为负数，本行金额填零。

（26）第26行"税率"：填报税法规定的税率25%。

（27）第27行"应纳所得税额"：金额等于本表第25×26行。

（28）第28行"减免所得税额"：填列纳税人按税收规定实际减免的企业所得税额。包括小型微利企业、国家需要重点扶持的高新技术企业、享受减免税优惠过渡政策的企业，其实际执行税率与法定税率的差额，以及经税务机关审批或备案的其他减免税优惠。金额等于附表五税收优惠明细表第33行。

（29）第29行"抵免所得税额"：填列纳税人购置用于环境保护、节能节水、安全生产等专用设备的投资额，其设备投资额的10%可以从企业当年的应纳税额中抵免；当年不足抵免的，可以在以后5个纳税年度结转抵免。金额等于附表五税收优惠明细表第40行。

（30）第30行"应纳税额"：填报纳税人当期的应纳所得税额，根据上述有关的行次计算填列。金额等于本表第27-28-29行。

（31）第31行"境外所得应纳所得税额"：填报纳税人来源于中国境外的应纳税所得额（如分得的所得为税后利润应还原计算），按税法规定的税率（居民企业 25%）计算的应纳所得税额。金额等于附表六境外所得税抵免计算明细表第 10 列合计数。

（32）第 32 行"境外所得抵免所得税额"：填报纳税人来源于中国境外的所得，依照税法规定计算的应纳所得税额，即抵免限额。

企业已在境外缴纳的所得税额，小于抵免限额的，"境外所得抵免所得税额"按其在境外实际缴纳的所得税额填列；大于抵免限额的，按抵免限额填列，超过抵免限额的部分，可以在以后五个年度内，用每年度抵免限额抵免当年应抵税额后的余额进行抵补。

可用境外所得弥补境内亏损的纳税人，其境外所得应纳税额公式中"境外应纳税所得额"项目和境外所得税税款扣除限额公式中"来源于某外国的所得"项目，为境外所得，不含弥补境内亏损部分。

（33）第 33 行"实际应纳所得税额"：填报纳税人当期的实际应纳所得税额。金额等于本表第 30+31-32 行。

（34）第 34 行"本年累计实际已预缴的所得税额"：填报纳税人按照税收规定本年已在月（季）累计预缴的所得税额。

（35）第 35 行"其中：汇总纳税的总机构分摊预缴的税额"：填报汇总纳税的总机构 1 至 12 月份（或 1 至 4 季度）分摊的在当地入库预缴税额。附报"中华人民共和国汇总纳税分支机构分配表"。

（36）第 36 行"其中：汇总纳税的总机构财政调库预缴的税额"：填报汇总纳税的总机构 1 至 12 月份（或 1 至 4 季度）分摊的缴入财政调节入库的预缴税额。附报"中华人民共和国汇总纳税分支机构分配表"。

（37）第 37 行"其中：汇总纳税的总机构所属分支机构分摊的预缴税额"：填报分支机构就地分摊预缴的税额。附报"中华人民共和国汇总纳税分支机构分配表"。

（38）第 38 行"合并纳税（母子体制）成员企业就地预缴比例"：填报经国务院批准的实行合并纳税（母子体制）的成员企业按规定就地预缴的比例。

（39）第 39 行"合并纳税企业就地预缴的所得税额"：填报"合并纳税

的成员企业就地应预缴的所得税额"。根据"实际应纳税额"和"预缴比例"计算填列。金额等于本表第33×38行。

（40）第40行"本年应补（退）的所得税额"：填报纳税人当期应补（退）的所得税额。金额等于本表第33-34行。

（41）第41行"以前年度多缴的所得税在本年抵减额"：填报纳税人以前年度汇算清缴多缴的税款尚未办理退税的金额，且在本年抵缴的金额。

（42）第42行"上年度应缴未缴在本年入库所得额"：填报纳税人以前年度损益调整税款、上一年度第四季度或第12月份预缴税款和汇算清缴的税款，在本年入库金额。

4.表内及表间关系

（1）第1行＝附表一（1）第2行或附表一（2）第1行或附表一（3）第3行至7行合计。

（2）第2行＝附表二（1）第2行或附表二（2）第1行或附表二（3）第14行。

（3）第10行＝第1-2-3-4-5-6-7+8+9行。

（4）第11行＝附表一（1）第17行或附表一（2）第42行或附表一（3）第9行。

（5）第12行＝附表二（1）第16行或附表二（2）第45行。

（6）第13行＝第10+11-12行。

（7）第14行＝附表三第52行第3列合计。

（8）第15行＝附表三第52行第4列合计。

（9）第16行＝附表三第14行第4列。

（10）第17行＝附表五第1行。

（11）第18行＝附表五第6行。

（12）第19行＝附表五第14行。

（13）第20行＝附表五第9行。

（14）第21行＝附表五第39行。

（15）第22行＝附表六第7列合计（当第13+14-15行≥0时，本行＝0）。

（16）第 23 行 = 第 13 + 14 − 15 + 22 行（当第 13 + 14 − 15 行 < 0 时，则加 22 行的最大值）。

（17）第 24 行 = 附表四第 6 行第 10 列。

（18）第 25 行 = 第 23 − 24 行（当本行 < 0 时，则先调整 21 行的数据，使其本行 ≥ 0；当 21 行 = 0 时，23 − 24 行 ≥ 0）。

（19）第 26 行填报 25%。

（20）第 27 行 = 第 25 × 26 行。

（21）第 28 行 = 附表五第 33 行。

（22）第 29 行 = 附表五第 40 行。

（23）第 30 行 = 第 27 − 28 − 29 行。

（24）第 31 行 = 附表六第 10 列合计。

（25）第 32 行 = 附表六第 14 列合计 + 第 16 列合计或附表六第 17 列合计。

（26）第 33 行 = 第 30 + 31 − 32 行。

（27）第 40 行 = 第 33 − 34 行。

11 个人所得
——让老百姓明明白白来缴税

● 全章概览

　　个人所得税是与我们每个人息息相关的，开始本章之前我们先来看看美国个人所得税的发展趋势：美国个人所得税是在 1861 年为筹措南北战争的经费而设置开征的一种税。1862 年，美国又修改了个人所得税法，使个人所得税具有了累进的性质。1872 年到 1892 年，个人所得税停征。直到 1913 年，第 16 次宪法修正案通过了国会有权对所得征税的条款，并通过了修正宪法后的第一个个人所得税法。从美国 1913 年所得税实施以来，又经过了若干次修订改革。总的来说，税率是不断提高的，宽免额也不断增加，所得税在整个财政收入中占据的比重不断上升，从而使美国的税收制度由过去的以间接税为主体转变为以直接税为主体。

　　目前中国个人所得税是七级累进税率，这在世界上属于比较繁杂的，将来的改革方向就是"减少级次，调整级距"。在关注个人所得税税改的时候，有必要对个税的基础知识以及现行的征税规定有个全面的了解，下面我们赶快进入本章的学习吧。

11.1 认识个人所得税

11.1.1 什么是个人所得税

个人所得税是以个人（自然人）取得的各项应税所得为征税对象而征收的一种税。我国于 1980 年 9 月制定了《中华人民共和国个人所得税法》，开始征收个人所得税，统一适用于中国公民和在我国取得收入的外籍人员。

11.1.2 个人所得税的特点

个人所得税是世界各国普遍征收的一个税种，我国现行的个人所得税主要有以下五个特点。

（1）实行分类征收。将个人取得的各种所得划分为九类，分别适用不同的费用减除规定、不同的税率和不同的计税方法。

（2）超额累进税率与比例税率并用。

（3）费用扣除额较宽。我国本着费用扣除从宽、从简的原则，采用费用定额扣除和定率扣除两种方法。

（4）计算简便。用应税所得的收入减去允许扣除的，剩下的部分作为所得额，乘以规定的税率。

（5）采取代扣代缴和个人申报两种征纳方法。我国个人所得税法规定，对纳税人的应纳税额分别采取由支付单位代扣代缴和纳税人自行申报两种方法。

11.2 个人所得税的纳税人

11.2.1 哪些人需要缴纳个人所得税

个人所得税的纳税人是指在中国境内有住所，或者虽无住所但在境内居住满一年，以及无住所又不居住或居住不满一年但有从中国境内取得所得的个人。包括中国大陆公民，个体工商户，外籍个人，中国香港、澳门、台湾地区同胞等。

11.2.2 居民纳税人与非居民纳税人的判定标准

按照《个人所得税法》的规定，个人所得税的纳税人包括居民纳税人和非居民纳税人，两者具有不同的纳税义务。

居民纳税人是指在中国境内有住所，或者无住所而一个纳税年度内在中国境内居住累计满一百八十三天的个人。居民纳税人从中国境内和境外取得的所得，依照本法规定缴纳个人所得税。

非居民纳税人是指在中国境内无住所又不居住，或者无住所而一个纳税年度内在中国境内居住累计不满一百八十三天的个人。非居民纳税人从中国境内取得的所得，依照本法规定缴纳个人所得税。

纳税年度，自公历一月一日起至十二月三十一日止。

11.2.3 如何确定所得来源于境内还是境外

何为来源于中国境内的所得?《个人所得税法及其实施条例》对此做了规定，下列所得，不论支付地点是否在中国境内，均为来源于中国境内的所得。

（1）在中国境内任职、受雇而取得的工资、薪金所得。

（2）在中国境内从事生产、经营活动而取得的生产经营所得。

（3）因任职、受雇、履约等在中国境内提供各种劳务取得的劳务报酬所得。

（4）将财产出租给承租人在中国境内使用而取得的所得。

（5）转让中国境内的建筑物、土地使用权等财产，以及在中国境内转让其他财产取得的所得。

（6）提供专利权、非专利技术、商标权、著作权，以及其他特许权在中国境内使用的所得。

（7）因持有中国的各种债券、股票、股权而从中国境内的公司、企业或者其他经济组织及个人取得的利息、股息、红利所得。

11.2.4　什么是扣缴义务人

我国个人所得税实行代扣代缴和个人申报纳税相结合的征收管理制度。税法规定，凡支付应纳税所得的单位或个人，都是个人所得税的扣缴义务人。扣缴义务人在向纳税人支付各项应纳税所得（个体工商户生产、经营所得除外）时，必须履行代扣代缴税款的义务。

11.3　个人所得税的征税对象

个人所得税的征税对象是个人取得的应税所得。《个人所得税法》列举征税的个人所得，也就是个人所得税的税目共有如下九项。《中华人民共和国所得税法实施条例》及相关法规具体确定了各项个人所得的征税范围。

11.3.1 工资、薪金所得

对于大多数人而言，工资、薪金所得最为常见，也是最主要的收入类别之一。工资、薪金所得，是指个人因任职或者受雇而取得的工资、薪金、奖金、年终加薪、劳动分红、津贴、补贴以及与任职或者受雇有关系的其他所得。

一般来说，工资、薪金所得属于非独立个人劳动所得。除工资、薪金以外，奖金、年终加薪、劳动分红、津贴、补贴也被确定为工资、薪金范畴。

津贴、补贴等则有例外。根据我国目前个人收入的构成情况，规定对于一些不属于工资、薪金性质的补贴、津贴或者不属于纳税人本人工资、薪金所得项目的收入，不予征税。这些项目包括以下情况。

（1）独生子女补贴。

（2）执行公务员工资制度未纳入基本工资总额的补贴、津贴差额和家属成员的副食品补贴。

（3）托儿补助费。

（4）差旅费津贴、误餐补助。

其中，误餐补助是指按照财政部规定，个人因公在城区、郊区工作，不能在工作单位或返回就餐的，根据实际误餐顿数，按规定的标准领取的午餐费。单位以误餐补助名义发给职工的补助、津贴不能包括在内。

11.3.2 经营所得

个体工商户的生产、经营所得，是指以下情况。

（1）个体工商户从事生产、经营活动取得的所得，个人独资企业投资人、合伙企业的个人合伙人来源于境内注册的个人独资企业、合伙企业生产、经营的所得。

（2）个人依法从事办学、医疗、咨询以及其他有偿服务活动取得的所得。

（3）个人对企业、事业单位承包经营、承租经营以及转包、转租取得的所得。

（4）个人从事其他生产、经营活动取得的所得。

从事个体出租车运营的出租车驾驶员取得的收入，按个体工商户的生产、经营所得项目缴纳个人所得税。

出租车属个人所有，但挂靠出租汽车经营单位或企事业单位，驾驶员向挂靠单位缴纳管理费的，或出租汽车经营单位将出租车所有权转移给驾驶员的，出租车驾驶员从事客货运营取得的收入，比照个体工商户的生产、经营所得项目征税。

个体工商户和从事生产、经营的个人，取得与生产、经营活动无关的其他各项应税所得，应分别按照其他应税项目的有关规定，计算征收个人所得税。如取得银行存款的利息所得、对外投资取得的股息所得，应按"利息、股息、红利"税目的规定单独计征个人所得税。

11.3.3　劳务报酬所得

劳务报酬所得，是指个人从事设计、装潢、安装、制图、化验、测试、医疗、法律、会计、咨询、讲学、翻译、审稿、书画、雕刻、影视、录音、录像、演出、表演、广告、展览、技术服务、介绍服务、经纪服务、代办服务以及其他劳务报酬的所得。

通常我们容易将劳务报酬与工资、薪金所得相混，二者的主要区别如下：劳务报酬所得是个人独立从事某种技艺，独立提供某种劳务而取得的所得；工资、薪金所得则是个人非独立劳动，从所在单位领取的报酬。具体表现为：如果从事某项劳务活动取得的报酬不是来自聘用、雇佣或工作的单位，如演员自己"走穴"或与他人合作"走穴"演出取得的报酬，教师自行举办学习班、培训班取得的办班收入或课酬收入，就属于劳务报酬的范围；如演员从剧团领取工资，教师从学校领取工资，就属于工资、薪金项目，而不属于劳务报酬范围。

11.3.4　稿酬所得

稿酬所得，是指个人因其作品以图书、报刊形式出版、发表而取得的所得。这里所说的作品，包括文学作品、书画作品、摄影作品，以及其他作品。作者去世后，财产继承人取得的遗作稿酬，也应征收个人所得税。

根据 2002 年 2 月 9 日国税函〔2002〕146 号，关于个人所得税若干业务问题的批复规定，对报纸、杂志、出版等单位的职员在本单位的刊物上发表作品、出版图书取得所得税的问题说明如下：

（1）任职、受雇于报纸、杂志等单位的记者、编辑等专业人员，因在本单位的报纸、杂志上发表作品而取得的所得，属于因任职、受雇而取得的所得，应与其当月工资收入合并，按"工资、薪金所得"项目征收个人所得税。

除上述专业人员以外，其他人员在本单位的报纸、杂志上发表作品取得的所得，应按"稿酬所得"项目征收个人所得税。

（2）出版社的专业作者撰写、编写或翻译的作品，由本社以图书形式出版而取得的稿费收入，应按"稿酬所得"项目计算缴纳个人所得税。

11.3.5　特许权使用费所得

特许权使用费所得，是指个人提供专利权、商标权、著作权、非专利技术以及其他特许权的使用权取得的所得。特许权主要涉及专利权、商标权、著作权、非专利技术等四种权利。这四种权利的具体内容与特点如下。

（1）专利权是指由国家专利主管机关依法授予专利申请人在一定的时期内对某项发明创造享有的专有利用的权利，它具有专有性（独占性）、地域性、时间性的特点。

（2）商标权是指商标注册人依法律规定而取得的对其注册商标在核定商品上使用的独占使用权。商标权是一种工业产权，可以依法取得、转让、许可使用、继承、丧失、请求排除侵害。

（3）著作权即版权，是指作者对其创作的文学、科学和艺术作品依法享有的某些特殊权利。主要包括发表权、署名权、修改权、保护权、使用权和获得报酬权。

（4）非专利技术即专利技术以外的专有技术。这类技术大多尚处于保密状态，仅为特定人知晓并占有。

11.3.6　利息、股息、红利所得

利息、股息、红利所得，是指个人拥有债权、股权而取得的利息、股息、红利所得。其中：利息一般是指存款、贷款和债券的利息。股息、红利是指个人拥有股权取得的公司、企业分红，按照一定的比率派发的每股息金，称为股息；根据公司企业应分配的、超过股息部分的利润，按股派发红股，称为红利。

11.3.7　财产租赁所得

财产租赁所得，是指个人出租建筑物、土地使用权、机器设备、车船以及其他财产取得的所得。

个人取得的财产转租收入，属于"财产租赁所得"的征税范围。在确定纳税义务人时，应以产权凭证为依据，对无产权凭证的，由主管税务机关根据实际情况确定；产权所有人死亡，在未办理产权继承手续期间，该财产出租而有租金收入的，以领取租金的个人为纳税义务人。

11.3.8　财产转让所得

财产转让所得，是指个人转让有价证券、股权、建筑物、土地使用权、机器设备、车船以及其他财产取得的所得。

对个人取得的各项财产转让所得，除股票转让所得外，都要征收个人所得税。

11.3.9　偶然所得

偶然所得，是指个人得奖、中奖、中彩以及其他偶然性质的所得。其中，得奖，是指参加各种有奖竞赛活动，取得名次获得的奖金；中奖、中

彩，是指参加各种有奖活动，如有奖销售、有奖储蓄或购买彩票，经过规定程序，抽中、摇中号码而取得的奖金。

个人因参加企业的有奖销售活动而取得的赠品所得，应按"偶然所得"项目计征个人所得税。赠品所得为实物的，应以《中华人民共和国个人所得税法实施条例》第10条规定的方法确定应纳税所得额，计算缴纳个人所得税。税款由举办有奖销售活动的企业（单位）负责代扣代缴。

个人取得的企业向个人支付的不竞争款项，应按照偶然所得计算缴纳个人所得税。

11.4 个人所得税的税率

个人所得税根据不同的个人所得项目，规定了超额累进税率和比例税率两种形式。居民个人取得工资薪金所得、劳务报酬所得、稿酬所得和特许权使用费所得（以下称综合所得），按纳税年度合并计算个人所得税；非居民个人取得工资薪金所得、劳务报酬所得、稿酬所得和特许权使用费所得，按月或者按次分项计算个人所得税。纳税人取得经营所得，利息、股息、红利所得，财产租赁所得，财产转让所得，偶然所得，依照本法规定分别计算个人所得税。

11.4.1 综合所得

居民个人取得工资薪金所得、劳务报酬所得、稿酬所得和特许权使用费所得，简称为综合所得，按纳税年度合并计算个人所得税，适用 3% ~ 45% 的七级超额累进税率，具体规定见表 11-1。

表 11-1　个人工资、薪金所得预扣预缴税率表

级数	累计预扣预缴应纳税所得额	预扣率（%）	速算扣除数
1	不超过 36000 元的部分	3	0
2	超过 36000 元至 144000 元的部分	10	2520
3	超过 144000 元至 300000 元的部分	20	16920
4	超过 300000 元至 420000 元的部分	25	31920
5	超过 420000 元至 660000 元的部分	30	52920
6	超过 660000 元至 960000 元的部分	35	85920
7	超过 960000 元的部分	45	181920

11.4.2　个体工商户的生产经营所得和对企事业单位的承包经营、承租经营所得个人所得税率

个体工商户的生产经营所得、对企事业单位的承包承租经营所得、个人独资企业和合伙企业的生产经营所得适用 5%～35% 的超额累进税率，见表 11-2。

表 11-2　个体工商户的生产经营所得和对企事业单位的承包经营、承租经营所得适用税率表

级数	全年应纳税所得额	税率（%）	速算扣除（元）
1	不超过 30000 元的部分	5	0
2	超过 30000 元至 90000 元的部分	10	1500
3	超过 90000 元至 300000 元的部分	20	10500
4	超过 300000 元至 500000 元的部分	30	40500
5	超过 500000 元的部分	35	65500

11.4.3 财产租赁所得，财产转让所得，股息、红利所得，偶然所得 和其他所得适用税率

特许权使用费所得，财产租赁所得，财产转让所得，股息、红利所得，偶然所得和其他所得适用20%的比例税率。从2001年1月1日起，对个人出租房屋取得的所得减按10%的税率征收个人所得税。从2008年10月9日开始，暂免征收储蓄存款的个人所得税。

11.4.4 非居民所得适用税率

非居民个人工资、薪金所得，劳务报酬所得，稿酬所得，特许权使用费所得适用七级超额累进税率，见表11-3。

表11-3 非居民所得适用税率表

级数	应纳税所得额	税率（%）	速算扣除数
1	不超过3000元的部分	3	0
2	超过3000元至12000元的部分	10	210
3	超过12000元至25000元的部分	20	1410
4	超过25000元至35000元的部分	25	2660
5	超过35000元至55000元的部分	30	4410
6	超过55000元至80000元的部分	35	7160
7	超过80000元的部分	45	15160

11.5　个人所得税应纳税额的计算

11.5.1　如何确定计税依据

我国现行的个人所得税采取分项确定、分类扣除，根据其所得的不同情况分别实行定额、定率和会计核算三种扣除办法。

（1）对工资、薪金所得涉及的个人基本生活费用，采取定额扣除的办法。

（2）个体工商户的生产、经营所得和对企事业单位的承包经营、承租经营所得及财产转让所得，涉及生产、经营及有关成本或费用的支出，采取会计核算办法扣除有关成本、费用或规定的必要费用。

（3）对劳务报酬所得、稿酬所得、特许权使用费所得、财产租赁所得，因涉及既要按一定比例合理扣除费用，又要避免扩大征税范围等两个需同时兼顾的因素，故采取定额和定率两种扣除办法。

（4）利息、股息、红利所得和偶然所得，因不涉及必要费用的支付，所以规定不得扣除任何费用。

计税依据的特殊规定如下。

（1）个人将其所得通过中国境内的社会团体、国家机关向教育和其他社会公益事业以及遭受严重自然灾害地区、中国初级卫生保健基金会、贫困地区的捐赠，捐赠额未超过纳税人申报的应纳税所得额30%的部分，可以从应纳税所得额中扣除，超过部分不得扣除。

（2）个人通过非营利性的社会团体和国家机关向红十字事业的捐赠，在计算缴纳个人所得税时，准予在税前的所得额中全额扣除。

11.5.2 综合所得的计税方法

居民个人的综合所得，以每一纳税年度的收入额减除费用六万元以及专项扣除、专项附加扣除和依法确定的其他扣除后的余额，为应纳税所得额。非居民个人的工资、薪金所得，以每月收入额减除费用五千元后的余额为应纳税所得额；劳务报酬所得、稿酬所得、特许权使用费所得，以每次收入额为应纳税所得额。

11.5.2.1 居民个人的预扣预缴方法

居民个人的工资、薪金所得个人所得税，日常采取累计预扣法进行预扣预缴；非居民个人则依照税法规定计算并扣缴个人所得税。居民个人预缴税额与年度应纳税额之间的差额，年度终了后可通过综合所得汇算清缴申报，税款多退少补。

累计预扣法主要是通过各月累计收入减去对应扣除，对照综合所得税率表计算累计应缴税额，再减去已缴税额，确定本期应缴税额的一种方法。具体预扣预缴税款方法为：扣缴义务人向居民个人支付工资、薪金所得时，应当按照累计预扣法计算预扣税款，并按月办理全员全额扣缴申报。具体计算公式如下：

本期应预扣预缴税额=累计预扣预缴应纳税所得额×预扣率

－速算扣除数－累计减免税额－累计已预扣预缴税额

累计预扣预缴应纳税所得额=累计收入－累计免税收入－累计减除费用

－累计专项扣除－累计专项附加扣除－累计依法确定的其他扣除

其中：累计减除费用，按照5000元/月乘以纳税人当年截至本月在本单位的任职受雇月份数计算。计算居民个人工资、薪金所得预扣预缴税额的预扣率、速算扣除数，按个人所得税预扣率表（居民个人工资、薪金所得预扣预缴适用）执行。

11.5.2.2 非居民个人的扣缴方法

非居民个人的工资、薪金所得，以每月收入额减除费用五千元后的余额为应纳税所得额；劳务报酬所得、稿酬所得、特许权使用费所得，以每次收入额为应纳税所得额，非居民个人取得工资、薪金所得，劳务报酬所得，稿酬所得和特许权使用费所得，有扣缴义务人的，由扣缴义务人按月或者按次代扣代缴税款，不办理汇算清缴，扣缴义务人向非居民个人支付工资、薪金所得，劳务报酬所得，稿酬所得和特许权使用费所得时，个人所得税按以下方法按月或者按次代扣代缴。

非居民个人的工资、薪金所得，以每月收入额减除费用五千元后的余额为应纳税所得额；劳务报酬所得、稿酬所得、特许权使用费所得，以每次收入额为应纳税所得额。

其中，劳务报酬所得、稿酬所得、特许权使用费所得以收入减除百分之二十的费用后的余额为收入额。稿酬所得的收入额减按 70% 计算。

上述四项所得的应纳税额＝应纳税所得额×税率-速算扣除数

11.5.2.3　减除费用的具体规定

（1）附加减除费用。个人所得税法对工资、薪金所得规定的普遍适用的减除费用标准，为每月 5000 元。但是，对在中国境内无住所而在中国境内取得工资、薪金所得的纳税义务人和在中国境内有住所而在中国境外取得工资、薪金所得的纳税义务人，税法根据其平均收入水平、生活水平以及汇率变化情况，确定每月再附加减除费用 1300 元。其应纳税所得额的计算公式为：

应纳税所得额＝月工资、薪金收入-5000元-1300元

附加减除费用所适用的具体范围如下。

①中国境内的外商投资企业和外国企业中工作的外籍人员。

②应聘在中国境内企业、事业单位、社会团体、国家机关中工作的外籍专家。

③中国境内有住所而在中国境外任职或者受雇取得工资薪金所得的个人。

④财政部确定的其他人员。此外，附加减除费用也适用于华侨和香港、澳门、台湾同胞。

（2）个人一次取得数月奖金、年终加薪或劳动分红的费用扣除。根据

《国家税务总局关于调整个人取得全年一次性奖金等计算征收个人所得税方法问题的通知》（国税发〔2005〕9 号）第二条规定：纳税人取得全年一次性奖金，单独作为一个月工资、薪金所得计算纳税，并按以下计税办法，由扣缴义务人发放时代扣代缴。

①先将雇员当月内取得的全年一次性奖金，除以 12 个月，按其商数确定适用税率和速算扣除数。如果在发放年终一次性奖金的当月，雇员当月工资薪金所得低于税法规定的费用扣除额，应将全年一次性奖金减除"雇员当月工资薪金所得与费用扣除额的差额"后的余额，按上述办法确定全年一次性奖金的适用税率和速算扣除数。

②将雇员个人当月内取得的全年一次性奖金，按本条第①项确定的适用税率和速算扣除数计算征税，计算公式如下：

如果雇员当月工资、薪金所得高于（或等于）税法规定的费用扣除额的，适用公式为：

应纳税额=雇员当月取得全年一次性奖金×适用税率-速算扣除数

如果雇员当月工资薪金所得低于税法规定的费用扣除额的，适用公式为：

应纳税额=（雇员当月取得全年一次性奖金-雇员当月工资薪金所得与费用扣除额的差额）×适用税率-速算扣除数

11.5.2.4 应纳税额的计算方法

（1）一般工资、薪金所得应纳个人所得税的计算。工资、薪金所得适用七级超额累进税率，按每月收入定额扣除 5000 元或 6300 元，就其余额作为应纳税所得额，按适用税率计算应纳税额。其计算公式为：

应纳税额＝应纳税所得额×适用税率-速算扣除数

或：

应纳税额＝（每月收入额-5000或6300元）×适用税率-速算扣除数

由于个人所得税适用税率中的各级距均为扣除费用后的应纳税所得额，因此，在确定适用税率时，不能以每月全部工资、薪金所得为依据，而只能是以扣除规定费用后的余额为依据，找出对应级次的税率。

（2）雇主为其雇员负担个人所得税额的计算。在实际工作中，有的雇主（单位或个人）常常为纳税人负担税款，即支付给纳税人的报酬（包括工资、薪金、劳务报酬等所得）是不含税的净所得或称为税后所得，纳税人的应纳税额由雇主代为缴纳。这种情况下，就不能以纳税人实际取得的收入直接乘以适用税率计算应纳税额，否则，就会缩小税基，降低适用税率。正确的方法是，将纳税人的不含税收入换算为应纳税所得额，即含税收入，然后再计算应纳税额。

我们主要讲解雇主全额为雇员负担税款的情况。应将雇员取得的不含税收入换算成应纳税所得额后，计算单位或个人应当代付的税款。计算公式为：

应纳税所得额=（不含税收入额-费用扣除标准-速算扣除数）/（1-税率）

应纳税额=应纳税所得额×适用税率-速算扣除数

前一个公式中的税率，是指不含税所得按不含税级距对应的税率；后一个公式中的税率，是指应纳税所得额按含税级距对应的税率。对此，在计算过程中应特别注意，不能混淆。

（3）个人一次取得数月奖金应纳个人所得税的计算。对个人一次取得的数月奖金、年终加薪或劳动分红，可单独作为一个月的工资、薪金所得，不再从中减除费用，就以一次取得的奖金总额作为应纳税所得额，按规定税率计算纳税。

（4）不满一个月的工资、薪金所得应纳个人所得税的计算。在中国境内无住所的个人，凡在中国境内不满一个月，并仅就不满一个月期间的工资、薪金所得申报纳税的，均应按全月工资、薪金所得为依据计算实际应纳税额。其计算公式为：

应纳税额=（当月工资、薪金应纳税所得额×适用税率-速算扣除数）×当月实际在中国境内的天数/当月天数

如果属于上述情况的个人取得的是日工资、薪金，应以日工资、薪金乘以当月天数换成月工资、薪金后，再按上述公式计算应纳税额。

案例分析 11-1：个人所得税应纳税额的计算

> 某职员 2015 年入职，2019 年每月应发工资均为 10000 元，每月减除费用 5000 元，"四险一金"等专项扣除为 1500 元，从 1 月起享受子女教育专项附加扣除 1000 元，没有减免收入及减免税额等情况，以前三个月为例，计算应当预扣预缴的税额。
>
> （1）1 月份预扣预缴税额 =（10000-5000-1500-1000）×3%=75（元）
>
> （2）2 月份预扣预缴税额 =（10000×2-5000×2-1500×2-1000×2）×3%-75 =75（元）
>
> （3）3 月份预扣预缴税额 =（10000×3-5000×3-1500×3-1000×3）×3%-75-75=75（元）

案例分析 11-2：个人所得税应纳税额的计算

> 某职员 2015 年入职，2019 年每月应发工资均为 30000 元，每月减除费用 5000 元，"四险一金"等专项扣除为 4500 元，享受子女教育、赡养老人两项专项附加扣除共计 2000 元，没有减免收入及减免税额等情况，以前三个月为例，计算应当预扣预缴的税额。
>
> （1）1 月份预扣预缴税额 =（30000-5000-4500-2000）×3% = 555（元）
>
> （2）2 月份预扣预缴税额 =（30000×2-5000×2-4500×2-2000×2）×10%-2520-555 =625（元）
>
> （3）3 月份预扣预缴税额 =（30000×3-5000×3-4500×3-2000×3）×10%-2520-555-625 =1850（元）

案例分析 11-3：个人所得税应纳税额的计算

> 某居民个人取得劳务报酬所得 2000 元，这笔所得应预扣预缴的税额是多少？
>
> 收入额 =2000-800=1200（元）
>
> 应预扣预缴税额 =1200×20%=240（元）

案例分析 11-4：个人所得税应纳税额的计算

> 某居民个人取得稿酬所得 40000 元，这笔所得应预扣预缴的税额是多少？
>
> 收入额 =（40000-40000×20%）×70%=22400（元）
>
> 应预扣预缴税额 =22400×20%=4480（元）

案例分析 11-5：个人所得税应纳税额的计算

> 某非居民个人取得劳务报酬所得 20000 元，这笔所得应扣缴税额是多少？
>
> 应预扣预缴税额 =（20000-20000×20%）×20%-1410=1790（元）

案例分析 11-6：个人所得税应纳税额的计算

> 某非居民个人取得稿酬所得 10000 元，这笔所得应扣缴税额是多少？
>
> 应预扣预缴税额 =（10000-10000×20%）×70%×10%-210=350（元）

11.5.3 经营所得的计税方法

11.5.3.1 个体工商户的生产、经营所得的计税方法

1. 应纳税所得额

对于实行查账征收的个体工商户，其生产、经营所得或应纳税所得额，以每一纳税年度的收入总额，减除成本、费用、税金、损失、其他支出以及允许弥补的以前年度亏损后的余额，为应纳税所得额。计算公式为：

应纳税所得额＝收入总额－（成本+费用+损失+准予扣除的税金

+其他支出+弥补的以前年度亏损）

（1）收入总额。个体工商户的收入总额，是指个体工商户从事生产经营以及与生产经营有关的活动（以下简称生产经营）取得的货币形式和非货币形式的各项收入，包括：销售货物收入、提供劳务收入、转让财产收入、利息收入、租金收入、接受捐赠收入、其他收入。以上各项收入应当按照权责发生制原则确定。

（2）准予扣除的项目。在计算个体工商户的应纳税所得额时，准予从收入总额中扣除的项目包括成本、费用、损失、其他支出以及允许弥补的以前年度亏损。

①成本、费用。成本是指个体工商户在生产经营活动中发生的销售成本、销货成本、业务支出以及其他耗费。费用是指个体工商户在生产经营活动中发生的销售费用、管理费用和财务费用，已经计入成本的有关费用除外。

"直接支出和分配计入成本的间接费用"，是指个体工商户在生产、经营过程中实际消耗的各种原材料、辅助材料、备品配件、外购半成品、燃料、动力、包装物等直接材料和发生的商品进价成本、运输费、装卸费、包装费、折旧费、修理费、水电费、差旅费、租赁费（不包括融资租赁费）、低值易耗品等，以及支付给生产经营从业人员的工资。

销售费用，是指个体工商户在销售产品、自制半成品和提供劳务过程中

发生的各项费用，包括：运输费、装卸费、包装费、委托代销手续费、广告费、展览费、销售服务费，以及其他销售费用。

管理费用，是指个体工商户为管理和组织生产经营活动而发生的各项费用，包括：劳动保险费、咨询费、诉讼费、审计费、低值易耗品摊销、开办费摊销、无法收回的账款（坏账损失）、业务招待费，以及其他管理费用。

财务费用，是指个体工商户为筹集生产经营资金而发生的各项费用，包括：利息净支出、汇兑净损失、金融机构手续费，以及筹资中的其他财务费用。

②损失。损失是指个体工商户在生产经营活动中发生的固定资产和存货的盘亏、毁损、报废损失，转让财产损失，坏账损失，自然灾害等不可抗力因素造成的损失以及其他损失。

个体工商户发生的损失，减除责任人赔偿和保险赔款后的余额，参照财政部、国家税务总局有关企业资产损失税前扣除的规定扣除。

个体工商户已经作为损失处理的资产，在以后纳税年度又全部收回或者部分收回时，应当计入收回当期的收入。

③税金。税金是指个体工商户在生产经营活动中发生的除个人所得税和允许抵扣的增值税以外的各项税金及其附加。

纳税人不能提供有关的收入、成本、费用、损失等的完整、准确的纳税资料，不能正确计算应纳税所得额，应由主管税务机关核定其应纳税所得额。

④其他支出。其他支出是指除成本、费用、税金、损失外，个体工商户在生产经营活动中发生的与生产经营活动有关的、合理的支出。

（3）准予在所得税前列支的其他项目及列支标准。除过上文所讲的准予扣除的项目以外，税法对于一些特殊的支出项目进行了特殊的明确规定，以确保我们在计算个体工商户的应纳税所得额时，能够合理处理问题。

①个体工商户生产经营活动中，应当分别核算生产经营费用和个人、家庭费用。对于生产经营与个人、家庭生活混用难以分清的费用，其40%视为与生产经营有关费用，准予扣除。

②个体工商户纳税年度发生的亏损，准予向以后年度结转，用以后年度的生产经营所得弥补，但结转年限最长不得超过5年。

③个体工商户实际支付给从业人员的、合理的工资薪金支出，准予扣除。个体工商户业主的工资薪金支出不得税前扣除。个体工商户代其从业人员或者他人负担的税款，不得税前扣除。个体工商户发生的合理的劳动保护支出，准予扣除。

④个体工商户按照规定缴纳的摊位费、行政性收费、协会会费等，按实际发生数额扣除。

⑤个体工商户按照国务院有关主管部门或者省级人民政府规定的范围和标准为其业主和从业人员缴纳的基本养老保险费、基本医疗保险费、失业保险费、生育保险费、工伤保险费和住房公积金，准予扣除；个体工商户为从业人员缴纳的补充养老保险费、补充医疗保险费，分别在不超过从业人员工资总额5%标准内的部分据实扣除；超过部分，不得扣除；个体工商户业主本人缴纳的补充养老保险费、补充医疗保险费，以当地（地级市）上年度社会平均工资的3倍为计算基数，分别在不超过该计算基数5%标准内的部分据实扣除；超过部分，不得扣除；个体工商户参加财产保险，按照规定缴纳的保险费，准予扣除。

⑥除个体工商户依照国家有关规定为特殊工种从业人员支付的人身安全保险费和财政部、国家税务总局规定可以扣除的其他商业保险费外，个体工商户业主本人或者为从业人员支付的商业保险费，不得扣除。

⑦个体工商户在生产经营活动中发生的合理的不需要资本化的借款费用，准予扣除。

⑧个体工商户在生产经营活动中发生的下列利息支出，准予扣除：向金融企业借款的利息支出；向非金融企业和个人借款的利息支出，不超过按照金融企业同期同类贷款利率计算的数额部分。

⑨个体工商户在货币交易中，以及纳税年度终了时将人民币以外的货币性资产、负债按照期末即期人民币汇率中间价折算为人民币时产生的汇兑损失，除已经计入有关资产成本部分外，准予扣除。

⑩个体工商户向当地工会组织拨缴的工会经费、实际发生的职工福利费支出、职工教育经费支出分别在工资薪金总额的 2%、14%、2.5% 的标准内据实扣除。

⑪个体工商户发生的与生产经营活动有关的业务招待费，按照实际发生额的 60% 扣除，但最高不得超过当年销售（营业）收入的 5‰。

⑫个体工商户每一纳税年度发生的与其生产经营活动直接相关的广告费和业务宣传费不超过当年销售（营业）收入 15% 的部分，可以据实扣除；超过部分，准予在以后纳税年度结转扣除。

⑬个体工商户根据生产经营活动的需要租入固定资产支付的租赁费，按照以下方法扣除：以经营租赁方式租入固定资产发生的租赁费支出，按照租赁期限均匀扣除；以融资租赁方式租入固定资产发生的租赁费支出，按照规定构成融资租入固定资产价值的部分应当提取折旧费用，分期扣除。

⑭个体工商户自申请营业执照之日起至开始生产经营之日止所发生符合本办法规定的费用，除为取得固定资产、无形资产的支出，以及应计入资产价值的汇兑损益、利息支出外，作为开办费，个体工商户可以选择在开始生产经营的当年一次性扣除，也可自生产经营月份起在不短于 3 年期限内摊销扣除，但一经选定，不得改变。开始生产经营之日为个体工商户取得第一笔销售（营业）收入的日期。

⑮个体工商户通过公益性社会团体或者县级以上人民政府及其部门，用于《中华人民共和国公益事业捐赠法》规定的公益事业的捐赠，捐赠额不超过其应纳税所得额 30% 的部分可以据实扣除，但直接对受益人的捐赠不得扣除。

⑯个体工商户研究开发新产品、新技术、新工艺所发生的开发费用，以及研究开发新产品、新技术而购置单台价值在 10 万元以下的测试仪器和试验性装置的购置费准予直接扣除。如果超出上述标准和范围的，不得在当期一次性扣除。

（4）不得在所得税前列支的项目。在计算个体工商户的个人所得税时，并不是所有的支出项目都可以从收入中减去，有些支出就不能减除，不能减除的支出如下。

①资本性支出，包括：为购置和建造固定资产、无形资产以及其他资产的支出，对外投资的支出。

②被没收的财物、支付的罚款。

③缴纳的个人所得税滞纳金、罚金和罚款。

④各种赞助支出。

⑤自然灾害或者意外事故损失赔偿的部分。

⑥分配给投资者的股利。

⑦用于个人和家庭的支出。

⑧个体工商产业主的工资支出。

⑨与生产经营无关的其他支出。

⑩国家税务总局规定不准扣除的支出。

2. 应纳税额的计算方法

个体工商户的生产、经营所得适用五级超额累进税率，以其应纳税所得额按适用税率计算应纳税额。在交纳方法上，一般实行每月预交，年终汇算清缴的方法。每年（月）应纳税额的计算公式为：

应纳税额＝应纳税所得额×适用税率-速算扣除数

每月（季度）预缴税款的计算公式：

本月应预缴税额＝本月累计应纳税所得额×适用税率

-速算扣除数-上月累计已预缴税额

年终汇算清缴时，应该补交（或退还）税款金额的计算公式：

年终汇算清缴时应补交（或退还）税额＝全年应纳税额-全年累计已预缴税额

11.5.3.2 对企事业单位承包、承租经营所得的计税方法

个人在承租、承包经营期间，按照企业所得税的有关规定，凡承租经营后，未改变被租企业名称，未变更工商登记，仍以被承租企业名义对外从事生产经营活动，不论被承租企业与承租方如何分配经营成果，均以被承租企业为纳税义务人。即按照企业所得税的有关规定先缴纳企业所得税，然后才按个人承包所得的规定计算缴纳个人所得税。

对企事业单位承包经营、承租经营所得以每一纳税年度的收入总额减除必要费用后的余额，为应纳税所得额。其中，收入总额是指纳税人按照承包经营、承租经营合同规定分得的经营利润和工资、薪金性质的所得。具体计算方法如下。

（1）计算应纳税所得额。"减除必要费用"是指按月减除5000元，实际减除的是相当于个人的生计及其他费用。其计算公式为：

应纳税所得额＝个人承包、承租经营收入总额-每月5000元

（2）计算应纳税额。对企事业单位承包经营、承租经营所得适用五级超额累进税率，以其应纳税所得额按适用税率计算应纳税额。计算公式为：

应纳税额＝应纳税所得额×适用税率-速算扣除数

案例分析11-7：个体工商户应纳税额的计算

某小型运输公司系个体工商户，账证健全，2019年12月取得营业额为220000元，准许扣除的当月成本、费用及相关税金共计170600元。1～11月累计应纳税所得额68400元，1～11月累计已预缴个人所得税1020元。计算该个体工商户2019年度应补缴的个人所得税。

按照税收法律、法规和文件规定，先计算全年应纳税所得额，再计算全年应纳税额。

(1) 全年应纳税所得额 =220000-170600+68400-5000×12=57800（元）

(2) 全年应缴纳个人所得税 =57800×10%-1500=4280（元）

(3) 该个体工商户2019年度应补缴的个人所得税 =4280-1020=3260（元）

11.5.4 利息、股息、红利所得的计税方法

利息、股息、红利所得以个人每次取得的收入额为应纳税所得额，不得从收入额中扣除任何费用。其中，每次收入是指支付单位或个人每次支付利

息、股息、红利时，个人所取得的收入。根据有关规定，自 2008 年 10 月
9 日起，暂免征收储蓄存款利息的个人所得税。对于股份制企业在分配股息、
红利时，以股票形式向股东个人支付应得的股息、红利（即派发红股），应
以派发红股的股票票面金额为收入额，计算征收个人所得税。自 2015 年 9 月
8 日起，个人从公开发行和转让市场上取得的上市公司股票，持有期限超过
一年的，股利、红利所得暂免征收个人所得税，对个人持股一年以内的，上
市公司暂不扣缴个人所得税，待个人转让股票时，证券结算登记公司根据其
持股期限计算应纳数额。利息、股息、红利所得适用 20% 的比例税率。其
应纳税额的计算公式为：

$$应纳税额＝应纳税所得额（每次收入额）×适用税率$$

11.5.5 财产租赁所得的计税方法

和其他形式所得的计算过程不同，在计算财产租赁所得的应纳税所得额
时，除需要从收入中定额或定率减除一定的费用之外，还可以扣除一些其他
项目的支出。在确定财产租赁的应纳税所得额时，纳税人在出租财产过程中
缴纳的税金和教育费附加，可持完税（缴款）凭证，从其财产租赁收入中
扣除。准予扣除的项目除了规定费用和有关税费外，还准予扣除能够提供有
效、准确凭证，证明由纳税人负担的该出租财产实际开支的修缮费用。其相
应的应纳税额的计算过程如下。

（1）计算应纳税所得额。财产租赁所得一般以个人每次取得的收入，定
额或定率减除规定费用后的余额为应纳税所得额。

①每次收入不超过 4000 元的：

$$应纳税所得额＝每次（月）收入额-准予扣除项目$$
$$-修缮费用（800元为限）-800元$$

②每次收入在 4000 元以上的：

$$应纳税所得额＝[每次（月）收入额-准予扣除项目$$
$$-修缮费用（800 元为限）]×（1-20\%）$$

注意事项：财产租赁所得以一个月内取得的收入为一次。个人出租财产

取得的财产租赁收入，在计算缴纳个人所得税时，应依次扣除以下费用，财产租赁过程中缴纳的税费，由纳税人负担的该出租财产实际开支的修缮费用，税法规定的费用扣除标准。

（2）计算应纳税额。财产租赁所得适用 20% 的比例税率。但对个人按市场价格出租的居民住房取得的所得，自 2001 年 1 月 1 日起暂减按 10% 的税率征收个人所得税。其应纳税额的计算公式为：

应纳税额=应纳税所得额×适用税率

在实际征税过程中，有时会出现财产租赁所得的纳税人不明确的情况。对此，在确定财产租赁所得纳税人时，应以产权凭证为依据。无产权凭证的，由主管税务机关根据实际情况确定纳税人。如果产权所有人死亡，在未办理产权继承手续期间，该财产出租且有租金收入的，以领取租金的个人为纳税人。

案例分析 11-8：财产租赁应纳个人所得税的计算

刘某于 2019 年 1 月将其自有的面积为 150 平方米的公寓按市场价出租给张某居住。刘某每月取得租金收入 2500 元，全年租金收入 30000 元。计算刘某全年租金收入应缴纳的个人所得税。

财产租赁收入以每月内取得的收入为一次，按市场价出租给个人居住适用 10% 的税率，因此，刘某每月及全年应纳税额为：

（1）每月应纳税额 =（2500-800）×10%=170（元）

（2）全年应纳税额 =170×12=2040（元）

11.5.6 财产转让所得的计税方法

财产转让所得以个人每次转让财产取得的收入额减除财产原值和相关税费后的余额为应纳税所得额。其中，"每次"是指以一件财产的所有权一次转让取得的收入为一次。其相应的应纳税额的计算过程如下。

（1）计算应纳税所得额。财产转让所得以个人每次转让财产取得的收入额减除财产原值和相关税费后的余额为应纳税所得额。应纳税所得额的计算公式为：

应纳税所得额＝每次收入额–准予扣除项目＝收入总额–财产原值–合理税费

（2）计算应纳税额。财产转让所得适用 20% 的比例税率，其应纳税额的计算公式为：

应纳税额=应纳税所得额×适用税率

案例分析 11-9：财产转让应纳个人所得税的计算

> 某个人建房一幢，造价 360000 元，支付其他费用 50000 元。该个人建成后将房屋出售，售价 600000 元，在售房过程中按规定支付交易费等相关税费 35000 元，其应纳个人所得税税额是多少？
>
> （1）应纳税所得额 = 财产转让收入 – 财产原值 – 合理费用
>
>   = 600 000 – (360000+50000) –35000=155000 （元）
>
> （2）应纳税额 =155000 × 20% =31000 （元）

11.5.7 偶然所得和其他所得的计税方法

偶然所得和其他所得以个人每次取得的收入额为应纳税所得额，不扣除任何费用，除有特殊规定外，每次收入额就是应纳税所得额，以每次取得该项收入为一次。

（1）计算应纳税所得额。偶然所得和其他所得以个人每次取得的收入额为应纳税所得额，不扣除任何费用。应纳税所得额的计算公式为：

应纳税所得额＝每次收入额

（2）计算应纳税额。偶然所得和其他所得适用 20% 的比例税率，其应纳税额的计算公式为：

$$应纳税额 = 应纳税所得额（每次收入额）× 适用税率$$

11.5.8　扣除捐赠款的计税方法

一般捐赠额的扣除以不超过纳税人申报应纳税所得额的 30% 为限。计算公式为：

$$捐赠扣除限额 = 申报的应纳税所得额 × 30\%$$

允许扣除的捐赠额 = 实际捐赠额 ≤ 捐赠扣除限额的部分（实际捐赠额大于捐赠扣除限额时，只能按捐赠扣除限额扣除）

应纳税额 =（应纳税所得额 - 允许扣除的捐赠额）× 适用税率 - 速算扣除数

11.5.9　两人以上共同取得同一项目收入的计税方法

两个或两个以上的个人共同取得同一项目收入的，如编著一本书、参加同一场演出等，应当对每个人取得的收入分别按照税法规定减除费用后计算纳税，即实行"先分、后扣、再税"的办法。

11.6　境外缴纳税额抵免的计税方法

在中国境内有住所，或者虽无住所，但在中国境内居住累计满 183 天以上的个人，从中国境内和境外取得的所得，都应缴纳个人所得税。实际上，纳税人的境外所得一般均已缴纳或负担了有关国家的所得税额。为了避免发生国家间对同一所得的重复征税，同时维护我国的税收权益，税法规定，纳税人从中国境外取得的所得，准予其在应纳税额中扣除已在境外实缴的个人所得税税款，但扣除额不得超过该纳税人境外所得依照本法规定计算的应纳税额。具体规定及计税方法如下：

$$应纳税额 = \sum（来自某国或地区的所得 - 费用减除标准）\times 适用税率$$
$$- 速算扣除数 - 允许抵免额$$

11.6.1 实缴境外税款

实缴境外税款，即实际已在境外缴纳的税额，是指纳税人从中国境外取得的所得，依照所得来源国或地区的法律应当缴纳并且实际已经缴纳的税额。

11.6.2 抵免限额

准予抵免（扣除）的实缴境外税款最多不能超过境外所得按我国税法计算的抵免限额（应纳税额或扣除限额）。我国个人所得税的抵免限额采用分国限额法，即分别来自不同国家或地区和不同应税项目，依照税法规定的费用减除标准和适用税率计算抵免限额。对于同一国家或地区的不同应税项目，以其各项的抵免限额之和作为来自该国或该地区所得的抵免限额。其计算公式为：

$$来自某国或地区的抵免限额 = \sum（来自某国或地区的某应税项目的所得$$
$$- 费用减除标准）\times 适用税率 - 速算扣除数$$

或：

$$来自某国或地区的抵免限额 = \sum（来自某国或地区的某一种应税项目的净所得 + 境外实缴税款 - 费用减除标准）\times 适用税率 - 速算扣除数$$

11.6.3 允许抵免额

允许在纳税人应纳我国个人所得税税额中扣除的税额，即允许抵免额要分国确定，即在计算出的来自一国或地区所得的抵免限额与实缴该国或地区的税款之间相比较，以数额较小者作为允许抵免额。

11.6.4 超限额与不足限额结转

在某一纳税年度，如发生实缴境外税款超过抵免限额，即发生超限额，超限额部分不允许在应纳税额中抵扣，但可以在以后纳税年度仍来自该国家或地区的不足限额，即实缴境外税款低于抵免限额的部分中补扣。这一做法称为限额的结转或轧抵。下一年度结转后仍有出超限额的，可继续结转，但每年发生的超限额结转期最长不得超过 5 年。

11.6.5 申请抵免

境外缴纳税款的抵免必须由纳税人提出申请，并提供境外税务机关填发的完税凭证原件。

11.6.6 应纳税额的计算

在计算出抵免限额和确定了允许抵免额之后，便可对纳税人的境外所得计算应纳税额。其计算公式为：

$$应纳税额 = \sum（来自某国或地区的所得 - 费用减除标准）\times 适用税率 - 速算扣除数 - 允许抵免额$$

11.7 个人所得税的减免税优惠

个人所得税既是一种分配手段，也是体现国家政策的重要工具。为了鼓励科学发明，支持社会福利、慈善事业和照顾某些纳税人的实际困难，个人所得税法对有关所得项目，有免税、减税的优惠规定。

11.7.1 个人所得税的免税项目有哪些

个人所得税法和相关法规、政策规定，对下列各项个人所得，免征个人所得税。

（1）省级人民政府、国务院部委和中国人民解放军军以上单位，以及外国组织、国际组织颁发的科学、教育、技术、文化、卫生、体育、环境保护等方面的奖金。

（2）国债和国家发行的金融债券利息。

（3）按照国家统一规定发给的补贴、津贴。这里是指按照国务院规定发给的政府特殊津贴和国务院规定免纳个人所得税的补贴、津贴。

（4）福利费、抚恤金、救济金。其中，福利费是指根据国家有关规定，从企业、事业单位、国家机关、社会团体提留的福利费或者从工会经费中支付给个人的生活补助费；救济费是指国家民政部门支付给个人的生活困难补助费。

（5）保险赔款。

（6）军人的转业安置费、复员费。

（7）按照国家统一规定发给干部、职工的安家费、退职费、退休工资、离休工资、离休生活补助费。其中，退职费是指符合《国务院关于工人退休、退职的暂行办法》规定的退职条件，并按该办法规定的退职费标准所领取的退职费。

（8）依照我国有关法律规定应予免税的各国驻华使馆、领事馆的外交代表、领事官员和其他人员的所得。

（9）中国政府参加的国际公约、签订的协议中规定免税的所得。

（10）对外籍个人取得的探亲费免征个人所得税。可以享受免征个人所得税优惠待遇的探亲费，仅限于外籍个人在我国的受雇地与其家庭所在地（包括配偶或父母居住地）之间搭乘交通工具且每年不超过2次的费用。

（11）经国务院财政部门批准免税的所得。

11.7.2 个人所得税的暂免征税项目有哪些

根据《财政部、国家税务总局关于个人所得税若干政策问题的通知》的规定，对下列所得暂免征收个人所得税。

（1）外籍个人以非现金形式或实报实销形式取得的住房补贴、伙食补贴、搬迁费、洗衣费。

（2）外籍个人按合理标准取得的境内、境外出差补贴。

（3）外籍个人取得的语言训练费、子女教育费等经当地税务机关审核批准为合理的部分。

（4）外籍个人从外商投资企业取得的股息、红利所得。

（5）符合一定条件的外籍专家取得的工资、薪金所得，可免征个人所得税。

（6）个人举报、协查各种违法、犯罪行为而获得的奖金。

（7）个人办理代扣代缴手续，按规定取得的扣缴手续费。

（8）个人转让自用达5年以上，并且是唯一的家庭生活用房取得的所得。

（9）达到离休、退休年龄，但确因工作需要适当延长离休、退休年龄的高级专家（指享受国家发放的政府特殊津贴的专家、学者），其在延长离休、退休期间的工资、薪金所得，视同离休、退休工资免征个人所得税。

（10）对国有企业职工，因企业依照《中华人民共和国企业破产法（试行）》宣告破产，从破产企业取得的一次性安置费收入，免予征收个人所得税。

（11）职工与用人单位解除劳动关系取得的一次性补偿收入，包括用人单位发放的经济补偿金、生活补助费和其他补助费用，在当地上年职工年平均工资3倍数额内的部分，可免征个人所得税。超过该标准的一次性补偿收入，应按照《国家税务总局关于个人因解除劳动合同取得经济补偿金征收个人所得税问题的通知》（国税发〔1999〕178号）的有关规定，全额计算征收个人所得税。

（12）城镇企业、事业单位及其职工个人按照《失业保险条例》规定的比例，实际缴付的失业保险费，均不计入职工个人当期的工资、薪金收入，免予征收个人所得税。

（13）企业和个人按照国家或地方政府规定的比例，提取并向指定金融机构实际缴付的住房公积金、医疗保险金、基本养老保险金，免予征收个人所得税。

（14）个人领取原提存的住房公积金、医疗保险金、基本养老保险金，以及具备《失业保险条例》规定条件的失业人员领取的失业保险金，免予征收个人所得税。

（15）下岗职工从事社区居民服务业，对其取得的经营所得和劳务报酬所得，从事个体经营的自其领取税务登记证之日起，从事独立劳务服务的自其持下岗证明在当地主管税务机关备案之日起，3年内免征个人所得税；但第一年免税期满后由县以上主管税务机关就免税主体及范围按规定逐年审核，符合条件的，可继续免征1～2年。

（16）个人取得的教育储蓄存款利息所得和按照国家或省级地方政府规定的比例缴付的住房公积金、医疗保险金、基本养老保险金、失业保险金存入银行个人账户所取得的利息所得，免予征收个人所得税。

11.7.3　个人所得税的减税项目有哪些

对于个人的有些收入项目，经省、自治区、直辖市人民政府批准后，可以在一定期限内给予一定的优惠。有下列情形之一的，经批准可以减征个人所得税。

（1）残疾、孤老人员和烈属的所得。

（2）因严重自然灾害造成重大损失的。

（3）其他经国务院财政部门批准减税的。

11.8　个人所得税的申报和缴纳

个人所得税是以自然人个人为纳税人的税种，因此在税款的缴纳上同其他的税种有很大的区别，下面是关于个人所得税代扣代缴、申报、缴纳的一些具体规定。

11.8.1　代扣代缴情况下，如何申报和缴纳

税法规定，个人所得税以取得应税所得的个人为纳税义务人。但是由于个人所得税的纳税人人数众多，过于分散，非常不便于国家税务机关的税款征收，因此，税法规定以支付所得的单位或者个人为扣缴义务人，包括企业（公司）、事业单位、财政部门、机关事务管理部门、个体工商户等单位或个人。按照税法规定代扣代缴个人所得税，是扣缴义务人的法定义务，必须依法履行。

扣缴义务人在向个人支付下列所得时，应代扣代缴个人所得税。

（1）工资、薪金所得。

（2）劳务报酬所得。

（3）稿酬所得。

（4）特许权使用费所得。

（5）利息、股息、红利所得。

（6）财产租赁所得。

（7）财产转让所得。

（8）偶然所得。

11.8.2 自行申报情况下，如何申报纳税

自行申报时指个人所得税的纳税人直接向国家税务机关申报、缴纳个人所得税的情形，其具体的操作方法如下：

11.8.2.1 需要自行申报个人所得税的情形

（1）取得综合所得且符合下列情形之一的纳税人，应当依法办理汇算清缴。

①从两处以上取得综合所得，且综合所得年收入额减除专项扣除后的余额超过 6 万元。

②取得劳务报酬所得、稿酬所得、特许权使用费所得中一项或者多项所得，且综合所得年收入额减除专项扣除的余额超过 6 万元。

③纳税年度内预缴税额低于应纳税额。

④纳税人申请退税。

（2）个体工商户业主、个人独资企业投资者、合伙企业个人合伙人、承包承租经营者个人以及其他从事生产、经营活动的个人取得经营所得。

（3）纳税人取得应税所得，扣缴义务人未扣缴税款的。

（4）居民个人从中国境外取得所得的。

（5）纳税人因移居境外注销中国户籍的。

（6）非居民个人在中国境内从两处以上取得工资、薪金所得的。

11.8.2.2 纳税申报的地点

申报纳税地点一般应为收入来源地的税务机关。但是，纳税人在两处或两处以上任职、受雇单位的，可选择并固定在一地税务机关申报纳税；纳税人没有任职、受雇单位的，向户籍所在地或经常居住地主管税务机关办理纳税申报；从境外取得所得的，应向境内户籍所在地或经常居住地税务机关申报纳税。

11.8.2.3 纳税申报期限的规定

（1）投资者应纳的个人所得税税款，按年计算，分月或者分季预缴，由投资者在每月或者每季度终了后 7 日内预缴，年度终了后 3 个月内汇算清

缴，多退少补。

（2）企业在年度中间合并、分立、终止时，投资者应当在停止生产经营之日起 60 日内，向主管税务机关办理当期个人所得税汇算清缴。

（3）企业在纳税年度的中间开业，或者由于合并、关闭等原因，使该纳税年度的实际经营期不足 12 个月的，应当以其实际经营期为一个纳税年度。

（4）投资者在预缴个人所得税时，应向主管税务机关报送"个人独资企业和合伙企业投资者个人所得税申报表"，并附送会计报表。

（5）年度终了后 29 日内，投资者应向主管税务机关报送"个人独资企业和合伙企业投资者个人所得税申报表"，并附送年度会计决算报表和预缴个人所得税纳税凭证。

（6）投资者兴办两个或两个以上企业的，向企业实际经营管理所在地主管税务机关办理年度纳税申报时，应附注从其他企业取得的年度应纳税所得额；其中含有合伙企业的，应报送汇总从所有企业取得的所得情况的"合伙企业投资者个人所得税汇总申报表"，同时附送所有企业的年度会计决算报表和当年度已缴个人所得税纳税凭证。

11.8.3　个人所得税扣缴申报表

个人所得税扣缴申报表详见表 11-4。

表11-4 个人所得税扣缴申报表

税款所属期间： 年 月 日至 年 月 日

扣缴义务人名称：

扣缴义务人纳税人识别号（统一社会信用代码）：□□□□□□□□□□□□□□□□□□

序号	姓名	身份证件类型	身份证件号码	纳税人识别号	是否为非居民个人	所得项目	收入额计算				本月（次）情况										累计情况													税款计算						备注
							收入	费用	免税收入	减除费用	专项扣除				其他扣除						累计收入额	累计减除费用	累计专项扣除	累计专项附加扣除					累计其他扣除	减按计税比例	准予扣除的捐赠额	累计应纳税所得额	税率／预扣率	速算扣除数	应纳税额	减免税额	已缴税额	应补／退税额	
											基本养老保险费	基本医疗保险费	失业保险费	住房公积金	年金	商业健康保险	税延养老保险	财产原值	允许扣除的税费	其他				子女教育	赡养老人	住房贷款利息	住房租金	继续教育											
1	2	3	4	5	6	7	8	9	10	11	12	13	14	15	16	17	18	19	20	21	22	23	24	25	26	27	28	29	30	31	32	33	34	35	36	37	38	39	40

续表

合计	

谨声明：本表是根据国家税收法律法规及相关规定填报的，是真实的、可靠的、完整的。

扣缴义务人（签章）：

年　月　日

经办人签字：

经办人身份证件号码：

代理机构签章：

代理机构统一社会信用代码：

理人：

受理税务机关（章）：

受理日期：　年　月　日